Daniel Goffart, Angelika Melcher

Boomer gegen Zoomer

DANIEL GOFFART
ANGELIKA MELCHER

BOOMER
GEGEN
ZOOMER

Der neue Generationenkonflikt
und wie wir uns
besser verstehen können

BERLIN VERLAG

Mehr über unsere Autorinnen, Autoren und Bücher:
www.berlinverlag.de

Von Daniel Goffart liegen bei Piper vor:
Mit Ulrike Demmer: *Ursula von der Leyen. Die Biografie*
Das Ende der Mittelschicht. Abschied von einem deutschen Erfolgsmodell

Unser Versprechen
für mehr
Nachhaltigkeit
Klimaneutrales Produkt
FSC®-zertifiziertes Papier
Hergestellt in Deutschland

FSC
www.fsc.org
MIX
Papier | Fördert
gute Waldnutzung
FSC® C014496

ISBN 978-3-8270-1516-7
© Berlin Verlag in der Piper Verlag GmbH, Berlin/München 2024
Satz: Satz für Satz, Wangen im Allgäu
Gesetzt aus der Arno Pro
Druck und Bindung: GGP Media GmbH, Pößneck
Printed in Germany

Inhalt

EINLEITUNG **7**

KAPITEL 1
Prägung – Wie wir wurden, was wir sind 15

KAPITEL 2
**Klar, Klimaschutz! Aber wie entschlossen
sind wir wirklich? 25**

KAPITEL 3
Ernährung – Alles bio, oder was? Die Politik in der Küche 49

KAPITEL 4
**Gleichberechtigung – von Glasdecken, Quoten
und Sexismus im Alltag 61**

KAPITEL 5
**Partnerschaft & Liebe – achtsam, offen,
aber unverbindlich? 87**

KAPITEL 6
Internet & neue Medien – Lost in Isolation? 111

KAPITEL 7

»Cancel Culture« – der neue Kulturkampf
um das »Unsagbare«   133

KAPITEL 8

Resilienz – Generation unglücklich?   155

KAPITEL 9

Arbeit und Karriere – der schmale Grat zwischen
Übereifer und Work-Life-Balance   169

KAPITEL 10

Demografie – ein bedrohliches, aber (fast)
schuldloses Versäumnis   183

KAPITEL 11

Konsum – vom »Alles, was geht« zum
»Muss ja nicht sein«   203

KAPITEL 12

Politik und Repräsentation – Straße statt Sofa,
Demo statt Ortsverein   215

LITERATUR   **224**

Einleitung

Warum sollen Sie ein neues Buch zum Konflikt der Generationen lesen? War es nicht immer schon so, dass die Alten über die Jungen schimpften und die Jungen sich unverstanden fühlten? Ist der Stoßseufzer der Eltern über die »Jugend von heute« nicht zu allen Zeiten ausgestoßen worden? Und stimmt es nicht, dass man jung sein muss, um große Dinge zu tun, wie schon Johann Wolfgang von Goethe schrieb?

Es gehört zum Privileg der Jungen, die Welt jedes Mal neu für sich zu entdecken und daraus ihre eigenen Schlüsse zu ziehen. Das ist – verbunden mit dem notwendigen Loslösungsprozess vom Elternhaus – immer mit Konflikten verbunden. Das Ausmaß der Differenzen ist jedoch höchst unterschiedlich. Die »Generation Golf« lebte als Teenager der frühen Achtzigerjahre in einem eher langweiligen und beschaulichen Jahrzehnt. Sie konzentrierte sich mehr auf Mode und Marken denn auf Politik und Proteste – so zumindest die Beschreibung im gleichnamigen Buch von Florian Illies.

Aber auch danach wurde es zwischen den Alten und Jungen nicht unbedingt konfliktreicher. Die Bezeichnung der verschiedenen Altersgruppen wechselte zwar, aber Konsumneigung und Hedonismus blieben – ob nun in der »Generation Praktikum «, den » Digital Natives «, den » Millennials «, der » Generation Facebook«, der » Generation Ecstasy« oder der » Generation X «. In allen Studien, die zu den jeweiligen Gruppen erhoben wurden, stimmte die überwiegende Mehrzahl der Befragten der erstaunlichen Aussage zu, dass sie ihre eigenen Kinder später im Wesentlichen so erziehen würden, wie ihre Eltern es mit ihnen gemacht haben.

Das klingt zunächst nach einem recht harmonischen Verhältnis und weniger nach Generationenkonflikt. Aber unter dieser Oberfläche einer wachsenden Toleranz und Freiheit im Verhältnis zwischen Eltern und Kindern begann es irgendwann zu knirschen. Das entscheidende Ereignis spielte sich 2018 auf einem schwedischen Schulhof ab und verbreitete sich wie ein Lauffeuer. Greta Thunbergs Schulstreik für das Klima und das daraus entstandene globale Bündnis Fridays for Future politisierte die Jugend auf der ganzen Welt. Die Auseinandersetzung mit der ungelösten Klimafrage führte zu der bitteren Erkenntnis, dass es für unsere Erde buchstäblich fünf nach zwölf und nicht mehr, wie bislang behauptet, fünf vor zwölf ist.

Aus dieser Betroffenheit und dem Erschrecken daraus resultierten schließlich Forderungen nach einer radikalen Umkehr, verbunden mit einer immer schärferen Kritik an den Älteren als Verursacher des Klimawandels. Insbesondere die Babyboomer, also die Menschen der Jahrgänge 1955 bis 1969, sind ins Fadenkreuz der weltweiten Jugendkritik geraten: Sie konsumieren bedenkenlos, fahren Auto, und gerade die » alten weißen Männer «, die Chefetagen in Politik und Wirtschaft besetzen, sind verantwortlich für die Ausbeutung unserer Erde. Auf der Seite der Boomer wurde die Generation Z, die Jahrgänge 1996 bis 2010, auch » Zoomer « genannt, hingegen als »linksgrüne Ökofaschisten« abgestempelt: Sie fordern zu viel, wollen alles verändern und sind dabei doch noch zu jung, um überhaupt etwas zu sagen zu haben.

Unabhängig von der Frage, inwiefern diese Vorwürfe zutreffen, änderte sich der Blick der Jungen, insbesondere der Generation Y (der Millennials) und der Gen Z, auf ihre Elterngeneration ab 2019 schlagartig. Wollte man eben noch deren partnerschaftlichen Erziehungsstil übernehmen, bildete sich auf einmal ein tiefer Graben zwischen den Generationen und mündete in einer weltumspannenden Jugendkritik. Im selben Jahr wurde der Begriff »OK, Boomer« zum Internet-Phänomen, er sei laut *New York Times* das »Ende der freundschaftlichen Beziehungen zwischen den Generationen«. Den Boomern wurde der Kampf angesagt.

Die Politisierung der Gen Z und der ihr nahestehenden Jahrgänge entwickelte sich aber nicht nur auf dem Feld des Klimaschutzes. Krisen brechen etablierte Arrangements von Gesellschaften auf und erzwingen Veränderungen, auch im ökonomischen Bereich. Die Klimafrage wird neben den ökologischen Veränderungen inzwischen auch als Ungleichheitsfrage bewertet, weil sie sich auf die Verteilung der Lebenschancen auswirkt. Da die Erderwärmung vor allem die Menschen im globalen Süden und mithin die Ärmsten trifft, haben viele junge Menschen in den Industrie- und Wohlfahrtsstaaten des Nordens auch die moralischen Missstände erkannt. Schließlich werden in ihren Ländern die meisten Emissionen ausgestoßen, und man fühlt sich im Sinne des Verursacherprinzips mitschuldig. Aus dieser Verantwortungsethik heraus ertönen Forderungen, die Boomer schnell als radikal abstempeln, da sie ihren eigenen, hart erarbeiteten Wohlstand in Gefahr sehen.

Zum Glück erkennen nicht nur die Jungen, sondern inzwischen weite Teile der Gesellschaft den Ernst des Klimawandels an. Das Ausmaß der für eine klimaneutrale Wirtschaft notwendigen Veränderungen und vor allen Dingen die erforderliche Geschwindigkeit der Transformation werden jedoch unterschiedlich bewertet. Ginge es nach dem Willen großer globaler Klimabewegungen, würden Autos aus den Städten verbannt und fossile Brennstoffe enorm verteuert und bis 2030 verboten werden. Geht es nach den Boomern, sollen zuerst der Wohlstand und die Wirtschaft gerettet werden, das Klima kommt an zweiter Stelle.

Doch genug von der Klimafrage. Der Generationenkonflikt ist noch breiter. Boomer und die Gen Z ernähren sich und konsumieren nicht nur unterschiedlich; sie sprechen anders, lieben anders und arbeiten anders. Sie stellen andere Fragen: Der Wunsch nach einer Mutter-Vater-Kind-Familie ist nicht mehr so groß, Gefühle und Sorgen werden offener ausgesprochen und stärker reflektiert.

Viele in der Gen Z kritisieren die Arbeitsweise der Boomer, die oft genug noch die Chefinnen und Chefs der Jungen sind. Sie stellen ihr Privatleben vornean, hinterfragen Überstunden und wollen ihr Leben nicht mehr gänzlich der Arbeit widmen. Das quittieren die Älteren mit Kopfschütteln, sie stempeln die Jungen gern als faul und arbeitsscheu ab.

Boomer zeigen Unverständnis und hinterfragen manche Entwicklung im gesellschaftlichen und sprachlichen Wandel – als Stichworte mögen hier »Gender-Gaga« und »Cancel Culture« dienen. Sie fühlen sich den Anforderungen des politisch korrekten Umgangs mit Minderheiten und allen möglichen Formen der LGBTQIA+-Gemeinschaft nicht mehr gewachsen oder halten sie in der geforderten Ausprägung für übertrieben und lebensfremd. Aus dieser Unsicherheit entstehen Frust und oft genug Ablehnung. Und es formen sich Urteile: Die Jüngeren seien überempfindlich, so der Vorwurf, nicht mehr leistungsbereit und würden teils absurde Meinungen vertreten. Diese Kritik wird so oder ähnlich von Eltern, Arbeitskolleginnen, Vorgesetzten oder Lehrenden täglich geäußert.

Zugespitzt formuliert finden wir uns heute in einer Gesellschaft wieder, in der die Älteren angeklagt und die Jüngeren nicht mehr verstanden werden oder sich nicht mehr verstanden fühlen. Verfolgt man die aktuellen Debatten, gibt es wenig Grund zur Zuversicht; vielmehr drängt sich der Eindruck einer zunehmenden Verhärtung auf. Angesichts der wachsenden Polarisierung und Radikalisierung kann man durchaus zu dem Urteil gelangen, dass der Graben zwischen den Generationen wieder so tief ist wie zur Zeit der Studentenrevolten, als die Achtundsechziger die Krusten der Konventionen in der bürgerlichen Nachkriegsgesellschaft aufbrachen und ihre Eltern außerdem zwangen, über die verdrängte Schuld aus den Schreckensjahren des Nationalsozialismus zu sprechen.

Heute verlangen die »Zoomer« von den »Boomern«, sich zu ihrer Verantwortung für die Klimakrise zu bekennen und deshalb ohne weiteres Zögern die erforderlichen Gegenmaßnahmen einzuleiten – *whatever it takes*. Heftige Debatten in Parlamenten und sozialen Medien sind wieder an der Tagesordnung, ebenso wie Demonstrationen und Blockaden. Angesichts der multiplen Krisen ist die Gesellschaft heftig in Bewegung und vielerorts auch in Unordnung geraten.

In dieser Situation wollen wir den Versuch wagen, miteinander ins Gespräch zu kommen. Wir, das sind Angelika Melcher, 26 Jahre, und Daniel Goffart, 62 Jahre alt. Rasch verworfen haben wir die ursprüngliche Idee, in der Unterzeile des Buchtitels zu schreiben: »Der neue Generationenkonflikt – und wie wir ihn lösen können«. Wir können diesen Konflikt nicht lösen. Aber wir wollen typischen Denkmustern und gegenseitigen Vorurteilen auf den Grund gehen, sie aus beiden Perspektiven zur Sprache bringen und auf ihre Berechtigung oder Plausibilität abklopfen. Unser Ziel ist: Erklären und einander besser verstehen.

Wir haben deshalb kein »durchgeschriebenes« Buch verfasst, sondern – unterteilt in verschiedene Kapitel – ein ausführliches »Zwiegespräch« geführt. Stoff genug gibt es, da wir durch Alter, Lebensweg und Herkunft den Generationenkonflikt in unseren beiden Persönlichkeiten verkörpern.

»Ausreden lassen« lautete dabei unsere erste Regel, sich in den anderen hineinversetzen die Regel Nummer zwei. Bei der Vorbereitung kristallisierten sich folgende Kernfragen heraus: Sind die Boomer schuld am Klimawandel? Haben sie nicht erst den Wohlstand aufgebaut, den die Jungen heute genießen? Ist die Gen Z hedonistisch und nur bedingt arbeitswillig – oder haben die Boomer einem übertriebenen Leistungsdenken gehuldigt? Ist Gleichberechtigung und Achtsamkeit erst mit »MeToo« und der LGBTQIA+-Bewegung eingekehrt, oder haben nicht schon die Mütter der Gen Z für Emanzipation und faire Arbeitsteilung in Partnerschaft und Familie gekämpft? Sind die Boomer mit der Gründung der Umweltbewegungen und der Grünen auf halbem Weg stehen geblieben? Können erst Fridays for Future oder die Letzte Generation ein Bewusstsein für die Dringlichkeit des Klimawandels schaffen?

Dazu sei noch gesagt, dass natürlich nicht jeder Mensch in eine Generationenschublade gesteckt werden kann. Nicht alle Boomer konsumieren maßlos, und nicht alle aus der Gen Z gendern und interessieren sich fürs Klima. Es gibt genug Gegenbeispiele. Trotzdem lassen sich in der Forschung typische Merkmale für die Generationen erkennen, die sich oft genug in der anekdotischen Evidenz der Autoren bestätigen und täglich an den Küchentischen oder Büroräumen unseres Landes angesprochen oder gar ausdiskutiert werden.

Der aktuelle Konflikt der Generationen ist zwar tief. Aber es herrscht kein »kalter Krieg«, wie gelegentlich insinuiert wird. Unsere Absicht ist es, die Gegensätze zu beleuchten und die verschiedenen Sichtweisen, Prägungen und Empfindlichkeiten darzustellen – schließlich ist jede Generation von den gesellschaftlichen, wirtschaftlichen und ökologischen Veränderungen unterschiedlich betroffen. Andererseits soll – wo kein Konsens möglich ist – zumindest Verständnis füreinander geschaffen werden. Wir würden uns wünschen, dass Sie beim nächsten Streitgespräch oder bei der nächsten Auseinandersetzung die Diskussion nicht »gewinnen« wollen, sondern sich besser in Ihr Gegenüber einfühlen können – dann haben beide Seiten gewonnen.

Angelika Melcher/Daniel Goffart

KAPITEL 1

Prägung –
Wie wir wurden, was wir sind

Obwohl zwischen den Boomern und der Gen Z keine zwei Generationen liegen, weichen Meinungen, Einstellungen und Verhaltensweisen in der Regel erheblich voneinander ab. Woher kommt das, was ist der Grund dafür? Wir wissen, dass die individuellen Grundlagen für die späteren Eigenschaften und Verhaltensweisen im Elternhaus gelegt werden, in der Schule und der sozialen Umgebung, in der man aufwächst. In diesen frühen Jahren bilden sich Werte, Vorbilder und Gewohnheiten heraus, die man oft sein Leben lang beibehält. Prägend für den Charakter sind zudem die Zeiten der Ausbildung und die ersten Berufsjahre. In dieser Phase wird der Umgang mit Erfolg und Niederlagen erlernt, ebenso die richtige soziale Interaktion in einer größeren Gruppe unterschiedlicher Menschen sowie der Umgang mit Kritik. Das gilt auch für die Fähigkeit, die Hürden auf dem individuellen Lebensweg zu überspringen oder – je nach Charakter – die Hindernisse und Herausforderungen zu vermeiden oder zu umgehen.

Natürlich erlebt jeder Mensch eigene Prägungen, die ihn formen. Aber es gibt Entwicklungsmerkmale, die man als generationentypisch bewerten kann. Die dominierende Gruppe der heute älteren und zumeist noch berufstätigen

Männer und Frauen, die Boomer, hat in ihrer Kinder- und Jugendzeit ganz andere Prägungen erfahren als die heute Jungen der Gen Z. Die Boomer wurden von den späten Fünfziger- bis hinein in die Achtzigerjahre von Eltern erzogen, die Nazi-Diktatur und Krieg erlebt und erlitten hatten. Das blieb nicht ohne Folgen, für sie selbst, aber auch für ihre Kinder.

Diese Generation unserer Nachkriegseltern hat die Historikerin Miriam Gebhardt in ihrem gleichnamigen Buch ausführlich und treffend charakterisiert. An ihrem eigenen Beispiel schildert die 1962 geborene Autorin, wie die traumatischen Erlebnisse des Weltkriegs und die Ideale der autoritären Gesellschaftsordnung von ihren Nachkriegseltern oft unbewusst auf sie, ein Kind der Boomer-Generation, übertragen wurden.

Das lässt sich besonders eindrücklich an dem sehr unterschiedlichen Ausmaß der Nachsicht zeigen, die die Eltern der verschiedenen Generationen gegenüber ihren Kindern an den Tag legten. Die von NS-Zeit und Krieg geprägten Eltern sind ihrem Nachwuchs in den späten Fünfziger- und den Sechzigerjahren mit größerer Strenge entgegengetreten – und mit höheren Anforderungen an die sogenannten »guten deutschen Tugenden«. Disziplin, Pünktlichkeit, Fleiß und Höflichkeit galten ihnen als Maß aller Dinge. Kinder hatten zu gehorchen, im Elternhaus, in der Schule und später auch als junge Menschen beim Einstieg in den Beruf. »Lehrjahre sind keine Herrenjahre« – so lautete der Standardspruch in den Berufsschulen jener Zeit.

Hinzu kam: Die Boomer waren immer sehr viele, das Individuum verschwand in der Masse. Es gab überfüllte Klassenräume, überfüllte Universitäten und lange Reihen von

Bewerbern bei jedem Praktikum und jeder freien Stelle. Man hatte lernen müssen, sich anzustellen und in einer Reihe zu warten, bis man aufgerufen wurde. Anders gesagt: Die Notwendigkeit, ja stellenweise auch der Zwang zur Unterordnung, ist den Boomern förmlich eingeimpft worden. Ob schlechte Schul- oder Studiennoten, ungünstige berufliche Beurteilungen oder der berühmte »Rüffel vom Chef« – die wenigsten reagierten darauf mit Beschwerden oder verlangten gar eine Korrektur oder Rücknahme. Auch hätte es in seinen oder ihren jungen Jahren kein Boomer gewagt, beim ersten Vorstellungsgespräch nach den Möglichkeiten für ein »Sabbatical« zu fragen – schon das Wort war damals unbekannt.

Aus diesen Erfahrungen und Prägungen ergeben sich höchst verschiedene Erwartungen und Einstellungen, die angesichts der großen Unterschiede beim Zusammentreffen der Generationen zwangsweise zu Enttäuschung, ja Verärgerung führen. »Ihr müsst erst einmal etwas leisten, bevor ihr Ansprüche stellt«, lautet ein typischer Boomer-Satz gegenüber den eigenen Kindern oder dem Nachwuchs im beruflichen Umfeld. Bei den Jüngeren hingegen lösen solche Zurechtweisungen das Gefühl aus, nicht verstanden, ernst genommen oder wertgeschätzt zu werden.

Die sozialen und charakterlichen Prägungen der Boomer-Generation in einer klassischen Mittelstandsfamilie der alten Bundesrepublik hat der Autor dieses Buches einmal an früherer Stelle beschrieben. In seinem Band *Das Ende der Mittelschicht* schildert er die typische Sozialisation seiner Nachkriegseltern und deren Auswirkung auf den Nachwuchs:

»Meine Eltern waren geprägt durch eine Kindheit im

Krieg, die traumatische Erfahrung der totalen Zerstörung und die Aufbaujahre nach 1945. Wie bei Millionen anderer Menschen ihrer Generation standen ›typisch deutsche‹ Werte im Vordergrund: Fleiß, Zuverlässigkeit und Bescheidenheit sowie natürlich Disziplin und Ordnung. Hochgehalten wurden auch Hilfsbereitschaft und Höflichkeit.«

»Wir Kinder sollten immer ›tüchtig sein‹ und ›etwas erreichen‹ wollen. Das knapp bemessene Taschengeld erhielten wir mit der obligatorischen Mahnung zur Sparsamkeit. Im Laufe der späteren Jahre lernten wir dann noch, dass man stets ›für später‹ vorsorgen und überhaupt ›immer an morgen denken‹ sollte. Die Bemerkung ›Du lebst einfach in den Tag hinein!‹ galt als schlimmer Vorwurf, ebenso wie die Feststellung, man habe ›einfach die Hände in den Schoß gelegt‹. Es wurde hart gearbeitet, ohne zu klagen. Niemand sprach über ›Stress‹ oder gar ›Burn-out‹, dieser Anglizismus war damals noch unbekannt. Die Feststellung, man sei ›urlaubsreif‹, galt schon als Eingeständnis äußerster Schwäche; ansonsten hieß es ›Zähne zusammenbeißen‹.«

»Die ganze Schufterei hatte keinen ›Sinn‹, sondern höchstens einen Zweck, schließlich wolle man ja ›irgendwann auch mal etwas vom Leben haben‹. Wann dieses ›irgendwann‹ eintreten würde, blieb allerdings offen. Anders als heute war Hedonismus kein Alltagsphänomen, sondern bestenfalls ein theoretischer Begriff aus dem Lexikon. In Umkehrung zum beliebten Millenniumsmotto ›Das gönne ich mir‹ lebte die bundesdeutsche Gründergeneration eher nach der Devise: ›Arbeite jetzt, lebe später.‹ Natürlich sollten die Kinder es ›einmal besser haben‹ als die Eltern, obwohl es denen zunehmend gut ging und sie einen bis dahin in der breiten Masse der Mittelschicht nie gekannten Wohlstand erreichten.«*

Diese Beschreibung der prägenden Jugendjahre der heutigen Boomer-Generation beruht auf einem westdeutschen Hintergrund, weicht jedoch bis auf die Vermittlung der unterschiedlichen Gesellschaftsbilder nicht allzu stark von der in Ostdeutschland ab. Ordnung, Pünktlichkeit und Leistungsbereitschaft – wenn auch nicht zum eigenen Vorteil, sondern für die sozialistische Gemeinschaft – galten in der DDR ebenfalls als Tugenden und wurden der ostdeutschen Boomer-Generation entsprechend eingetrichtert.

Auch die Nachkriegseltern der DDR litten unter den Kriegsfolgen – psychisch wie materiell. Zwar schaffte es das sozialistische System erstaunlich gut, die Schuldfrage der Nazizeit innerhalb der eigenen Grenzen weitgehend zu verdrängen und zum alleinigen Problem des kapitalistischen Westens zu erklären. Aber die Nachwirkungen des Krieges in den Köpfen und Seelen der Ostdeutschen waren so manifest wie die Spuren der Zerstörung in den Städten. Man stürzte sich lieber in die Aufbauarbeit, das Wort »Vergangenheitsbewältigung« war tabu, schließlich gab es Wichtigeres zu tun.

Natürlich kann man diese Mechanismen nicht verallgemeinern. Aber unsere Nachkriegseltern hatten, den Zwängen der Zeit geschuldet, andere Prioritäten, und dementsprechend bildeten sie Werte, Vorbilder und Verhaltensweisen heraus, die sie auf ihre Kinder übertrugen.

Das Habitat der Zoomer stellte sich hingegen gänzlich

* Daniel Goffart, *Das Ende der Mittelschicht. Abschied von einem deutschen Erfolgsmodell*, Berlin Verlag, Berlin 2019, S. 27 ff.

anders dar: Sie wurden von der Generation X erzogen, mit deutlich mehr Freiheiten. Die Tugenden der Nachkriegseltern hatten an Bedeutung verloren. Wichtiger als Gehorsam wurde wachsendes Verständnis – für die Jugend, für die neuen Möglichkeiten der Selbstentfaltung, für das Individuum. Die Kinder sollten die Welt sehen, eigene Erfahrungen machen und aus Fehlern lernen. Der Fokus war viel stärker auf sie gerichtet, da sie durchschnittlich weniger Geschwister hatten und in viel kleineren Schulklassen saßen.

In den Schulen der Gen Z wirkten keine Pauker mehr, sondern Pädagogen, Primaner wurden nicht mehr gesiezt, das »Du« hielt Einzug in die Schule und auch in eine Gesellschaft, die den starren Umgangsformen der jungen Bundesrepublik immer mehr entsagte. Das Bürgertum legte Krawatte und Konventionen ab, man wurde lockerer – sowohl im Kontakt miteinander als auch in den Erwartungen aneinander. Toleranz galt als Tugend, man ordnete nicht mehr ein, sondern diskutierte.

Diese sich entwickelnde Diskursgesellschaft galt als Wert an sich, die zahlreichen neuen Talkshows im Fernsehen und die Diskussionsfreude an den Hochschulen mögen das belegen. Von der Hetze und dem gegenseitigen Herabsetzen im Strom der heutigen »sozialen« Medien war man trotz hitziger Wortgefechte noch meilenweit entfernt; einen Shitstorm aus geringstem Anlass hätte sich zu dieser Zeit niemand vorstellen können. Willy Brandt wollte in dieser jungen Bundesrepublik »mehr Demokratie wagen«, Westdeutschland wurde offener, statt Festlegungen gab es den Mut zu Experimenten aller Art.

Diese Vielfalt und Öffnung zeigten Wirkung im Laufe der Jahrzehnte. Es gibt heute nicht mehr den *einen* klassischen

Lebensentwurf. Viele verschiedene Wege sind möglich geworden, was sich auch in den Erwartungen der Eltern an ihre Kinder widerspiegelt. Unterschiedlichkeit wird nicht nur akzeptiert – im Gegenteil gilt Diversität heute als Wert an sich.

In diesem Klima wurde und wird die Gen Z groß. Der Zuwachs an Individualität und Offenheit prägte den Umgang – auch in den Familien. Vater und Mutter verloren nach und nach ihre Stellung als »Autoritätspersonen«. Man begegnete sich mehr auf Augenhöhe, das Verhältnis wurde freundschaftlicher, das strikte Leistungsdenken der Boomer hinterfragt. Man sprach über Gefühle, ließ Emotionen zu und sah von strengen Erziehungsmethoden ab.

Es ging nicht mehr ausschließlich darum, gute Noten nach Hause zu bringen und täglich nach der Schule ein Instrument zu lernen oder Sport zu machen. Kinder und Jugendliche durften sich selbst aussuchen, wie sie ihre Zeit verbringen wollten, wofür sie ihr Taschengeld ausgaben oder ob sie nach dem Schulabschluss ein Jahr im Ausland verbrachten, wenn die finanziellen Verhältnisse es zuließen, Praktika absolvierten, erst mal jobbten oder direkt mit einer Ausbildung oder dem Studium anfingen. Der Wehr- und Zivildienst wurden abgeschafft, bevor die Gen Z die Schule verließ, und damit stand die Welt für alle offen.

Daraus ergaben sich auch eine Reihe gesellschaftlicher Veränderungen, die heute prägend für die Generation Z sind. Traditionelle Rollen wurden verstärkt hinterfragt und teilweise aufgebrochen: Eine berufstätige Mutter wurde genauso normal wie eine Frau als Bundeskanzlerin oder eine gleichgeschlechtliche Beziehung. In die Kirche ging auch niemand mehr. Die Eltern der Gen Z mussten aus dem

Nichts lernen, wie sie ihre Kinder für die digitale Welt sensibilisieren, ohne selbst irgendwelche Erfahrungen gemacht zu haben.

Doch nicht nur das: Ein wichtiger Aspekt für die Prägung der Gen Z ist der Zuzug von Millionen »Gastarbeitern« und Spätaussiedlerinnen, die die Struktur der Gesellschaft veränderten und vielschichtiger machten. Die im Nachkriegsdeutschland noch sehr auf sich bezogenen Bundesbürger erhielten im Zuge der massenhaften Anwerbung Millionen neuer Nachbarinnen und Nachbarn aus Südeuropa. Mit ihnen kamen andere Sprachen, neue Kulturen, Werte und Konventionen, neue Lieder und Bücher sowie eine bis dahin unbekannte kulinarische Vielfalt. Deutschland wurde bunter. Vor allem in Westdeutschland wurde es normal, dass die Mitschülerinnen und Mitschüler über einen Migrationshintergrund verfügten, so wie die Autorin dieses Buches selbst auch einen hat.

Damit genoss die Generation Z nicht nur den einen, eher genormten und pauschalen Erziehungsstil, wie er bei den Boomern an der Tagesordnung war. Vielmehr setzte sie sich stärker mit den verschiedenen Gruppen von Zugezogenen auseinander, die religiös oder kulturell anders geprägt waren. Die Gen Z lernte türkisches und arabisches Essen kennen, russische Schimpfwörter und kroatische Volkslieder. Das sorgte für mehr Offenheit, Toleranz, gemeinsames Aufwachsen und das Hinterfragen vorgegebener Werte und Tugenden, die als überholt erkannt wurden.

Daraus bildete sich eine in weiten Teilen weltoffene und sehr kritische Generation, die Strukturen aufbricht und den Status quo hinterfragt, anstatt Konventionen und soziale Umstände einfach so hinzunehmen. Kurz gesagt: Mehr Wi-

derspruch und weniger Gehorsam, mehr Anspruch und weniger Anpassung prägen die Zoomer. Aus diesen Eigenschaften heraus lassen sich heute viele Konflikte erklären, die das
schwierige Verhältnis zu den Boomern in einer ganzen Reihe
von Themen und Lebensbereichen prägen.

Klar, Klimaschutz!
Aber wie entschlossen sind wir wirklich?

2023 war das bisher wärmste Jahr seit 1881 in Deutschland. In den vergangenen fünfzig Jahren haben sich die extremen Wetterereignisse in Deutschland mehr als verdreifacht. Extreme Hitze und Trockenheit, Starkregen und Überschwemmungen werden immer häufiger – und machen den Klimawandel zur drängendsten Verantwortung unserer Zeit. Besonders die junge Generation sieht sich mit potenziellen langfristigen Folgen konfrontiert und macht sich dementsprechend große Sorgen um die Erde und ihre Zukunft. Laut einer internationalen Studie haben 60 Prozent der jungen Menschen im Alter von 16 bis 25 Jahren Angst vor den Folgen des Klimawandels. Diese Angst wirkt sich auf ihren Lebensstil und ihre beruflichen Entscheidungen aus. Doch wie viel können die Babyboomer dafür?

Daniel: Wenn man heute die Transparente von Fridays for Future liest, könnte man glauben, dass sie die ersten und einzigen Menschen sind, die den Schutz der Umwelt wirklich ernst nehmen, während alle anderen die Dimension des Problems entweder nicht verstanden haben oder keine vernünftige Idee zur Lösung beitragen können.

In dieser Haltung steckt viel Hybris, ja stellenweise auch Anmaßung. Das Thema Klimaschutz begegnet mir und anderen Menschen meines Alters nämlich schon seit Jahrzehnten, lange bevor Fridays for Future gegründet wurde. Heute gehöre ich als sogenannter Babyboomer zwar zur älteren Generation, aber über Umweltschutz wurde schon gesprochen und auch gestritten, als ich gerade volljährig wurde, das war Ende der 1970er-Jahre. Damals fühlten wir jungen Leute uns auch als Avantgarde, weil wir zu dieser Zeit ebenso wie FFF heute gegen eine echte oder vermeintliche gesellschaftliche Ignoranz demonstrierten. Wir haben auch lautstark auf Veränderungen zugunsten der Umwelt gedrängt.

Mich stört es deshalb, dass gerade das wichtige Thema Klima und Umweltschutz von der jüngeren Generation benutzt wird, um uns Ältere damit anzuklagen. Das ist nicht übertrieben, denn die Vorwürfe sind heftig: Wir Älteren, so die gängige Kritik, hätten überproportional viel Umwelt verbraucht, überproportional viel Anteil an der Naturzerstörung gehabt und seien insgesamt extrem rücksichtslos gewesen. Wir hätten, so die Vorwürfe, bedenkenlos konsumiert und damit die Zukunft der Jüngeren schon jetzt zerstört. Und wir hätten damit auch das Recht zur Mitsprache verwirkt. Alles, was wir heute dazu sagen, wird entweder nicht ernst genommen oder mit einer wegwerfenden Handbewegung als irrelevant abgetan: »Okay, Boomer ...« Das ist nicht nur unfair, sondern auch undemokratisch, denn man will uns damit vom Diskurs ausschließen.

Ich weiß nicht genau, ob diese Kritik der Jüngeren in der Breite der heutigen Gesellschaft ankommt und ob sie in der Radikalität geteilt wird, wie sie führende Vertreter der Umweltbewegung vorbringen. Aber ich stelle fest, dass diese Kritik auf einen gesellschaftlichen Resonanzboden stößt und gerade gegenüber den Boomern mit wachsender Schärfe geäußert wird.

Angelika: An den Vorwürfen ist einiges dran.

Daniel: Teilweise ist die Kritik berechtigt, das ist leider richtig. Warum? Weil wir heute ehrlich feststellen müssen, dass die Klimaziele, die wir uns in den letzten Jahren immer wieder aufs Neue gesetzt haben, Jahr für Jahr gerissen worden sind. Wir haben sie nicht erreicht, oder besser gesagt, wir haben sie verfehlt. Und es sieht leider auch heute noch so aus, als ob wir gar nicht erst in die Nähe der Ziele kommen, zumindest auf kurze und mittelfristige Sicht nicht. Insofern räume ich ein, dass es bei dem Thema eine offene Flanke gibt. Aber ich glaube, dass es nicht richtig ist, der Generation der Boomer die Geschwindigkeit des Klimawandels anzulasten und das zu verbinden mit dem Vorwurf, dass wir bedenkenlos auf Kosten der jungen Generation gelebt haben. Darin steckt eine maßlose Selbstgerechtigkeit der Kinder gegenüber ihren Eltern. Auch die Jüngeren konsumieren, sie reisen und fahren mit dem Auto, auch wenn es immer häufiger nicht das eigene, sondern ein geteiltes Auto ist.

Angelika: Was war deine erste persönliche Begegnung mit Klimaschutz?

Daniel: Es gab mehrere Ereignisse. Nachdrücklich in Erinnerung geblieben ist mir das Giftgas-Unglück 1976 in der norditalienischen Stadt Seveso. Aus dem dortigen Chemiewerk ist bei einer Havarie hochgiftiges Dioxin entwichen, was entsetzliche Folgen für die Menschen und die Umgebung hatte. Die Fernsehbilder waren schockierend, ebenso die Vertuschungsversuche der Firmenleitung. Da habe ich verstanden, wie gefährlich und risikoreich Industrieanlagen

27

sein können und wie schnell Profitinteressen zulasten der Umwelt gehen.

Aber schon weit vorher gab es Berichte und Debatten über die »Luftverschmutzung«, wie man es damals nannte. Bereits 1961 sagte Willy Brandt im Wahlkampf seinen berühmten Satz »Der Himmel über der Ruhr muss wieder blau werden«. Diese Forderung gilt heute als Geburtsstunde der Umweltschutzpolitik, was zu dieser Zeit aber noch keiner ahnte. Damals waren die schlechte Luft in den Industriezentren des Ruhrgebiets, der graue Himmel dort und die verschmutzte Wäsche, die auf der Leine zum Trocknen hing, so offensichtlich und zugleich alltäglich, dass viele sich achselzuckend daran gewöhnt hatten. Das änderte sich erst allmählich, als die Gesundheitsschäden publik wurden und die ersten Umweltschützer die zunehmende Luftverschmutzung öffentlich anprangerten.

Und dann kam ab 1980 das große Thema Waldsterben auf, was damals nicht nur die jüngere Generation schockierte, sondern auch die Älteren wachrüttelte. Der Wald ist den Deutschen heilig – quer durch alle Altersstufen. Es gab dann große Radio- und Fernsehsendungen und zahlreiche Artikel zum Thema Waldsterben, und man konnte die Schäden an den Bäumen beim Sonntagsspaziergang auch selbst sehen. Man hat deshalb damit begonnen, über die Ursachen nachzudenken sowie über mögliche Gegenmaßnahmen zu diskutieren. Als »Schuldiger« wurde der »saure Regen« ausgemacht. Die Verschmutzung durch fossile Brennstoffe und der hohe Schwefelgehalt erhöhten den pH-Wert in der Luft und führten zu diesem sauren Regen und zur Schädigung der Wälder.

Angelika: Ihr habt also damals schon die Schäden bemerkt und die Ursachen erkannt. Aber was habt ihr dagegen gemacht? Seitdem ist alles noch schlimmer geworden.

Daniel: Das klingt jetzt so, als ob wir das einfach hingenommen hätten. Aber das stimmt nicht. Schon damals hat man angefangen, dagegen anzugehen. Mitte der 1970er-Jahre wurde das erste Bundesimmissionsschutzgesetz erlassen – übrigens gegen erhebliche Widerstände aus der Industrie, die zum Einsatz von Filtern und teurer Technik regelrecht gezwungen werden musste. Die damaligen Debatten über den Sinn und vermeintlichen Unsinn dieser Maßnahmen ähneln übrigens den heutigen in der Grundstruktur durchaus. Dem folgten dann zahlreiche andere Umweltgesetze, allen voran die zur Sauberhaltung der Gewässer. Viele Flüsse entlang der Industrieanlagen waren Kloaken, auf denen tote Fische schwammen. Der damalige Umweltminister Klaus Töpfer ist 1988 sogar durch den Rhein geschwommen, um zu beweisen, dass der Fluss wieder sauberer wurde.

Angelika: Das klingt für mich wie eine reine PR-Aktion.

Daniel: Ja, das war natürlich Quatsch, denn das Wasser war immer noch voller Umweltgifte. Aber heute kann man tatsächlich im Rhein schwimmen und auch die Fische wieder essen. Es ist also – entgegen vielen Behauptungen der jungen Generation heute – durchaus etwas passiert in den letzten Jahrzehnten. Wir, die Boomer, waren nicht untätig, sondern haben mit dem Umweltschutz begonnen. Aber jetzt habe ich mir lange genug den Frust von der Seele geredet. Was sind deine ersten Erinnerungen zum Thema Umwelt und Klima?

Angelika: Wir kommen beide aus Nordrhein-Westfalen, unsere Heimatstädte Aachen und Düren liegen gar nicht so weit auseinander. Düren ist umgeben von Tagebauen, die

Abbauflächen für Braunkohle in Inden und Hambach sind nur ein paar Kilometer entfernt, man sieht sie jedes Mal, wenn man aus der Stadt in Richtung Autobahn fährt. Andere Städte haben eine Skyline, wir haben den Energiekonzern RWE. Meine erste richtige Erinnerung an die Klimakrise setzt ein, als ich das erste Mal oben auf der Aussichtsplattform im Braunkohle-Tagebau Inden stand und in dieses gigantische tiefe Loch in der Erde schaute. Ich sah die vielen offengelegten Gesteinsschichten, und es wirkte auf mich irgendwie gewaltsam, wie ein Aufbrechen und Eindringen. Ich hatte bei diesem Anblick das Gefühl, dabei zuzusehen, wie unsere Erde buchstäblich geschändet und ausgeraubt wird.

Der Schulausflug zum Tagebau in Inden war ein Standardprogramm, so als wäre dieses zerstörte Stück Erde eine Art gruseliger Vergnügungspark. Ich erinnere mich leider nicht mehr daran, ob unsere Lehrer*innen uns dafür sensibilisiert und uns nahegebracht haben, was genau da gerade passiert. Wir waren auch noch zu jung, um es selbstständig zu hinterfragen. Aber dieses Gefühl in mir, die Verletzlichkeit der aufgerissenen und ausgeraubten Erde zu sehen und zu spüren, habe ich in Erinnerung behalten.

Daniel: Auch wir haben damals als Schüler Ausflüge zu den Tagebauen im Rheinischen Revier gemacht, und ja, man sah natürlich die großflächige Zerstörung des Bodens und der Gesteinsschichten. Aber die Kohle wurde damals gebraucht, das haben uns die Lehrer erklärt. Und weil die Kohle in dieser Gegend nur 70 bis 100 Meter unter der Oberfläche lag, wurde sie natürlich im Tagebau abgebaggert. Aber zur Wahrheit gehört ja auch, dass diese ganzen Abbauflächen später von RWE wieder renaturiert wurden. Es entstanden Baggerseen und im Zuge der Aufforstung Waldflächen, die heute beliebte Naherholungsgebiete sind. Das Gleiche gibt es jetzt auch in der Lausitz, östlich von Berlin. Deshalb sind die Tagebaue für mich auch nicht so schockierend gewesen. Die Ausbeutung des Bodens war klar ersichtlich, aber die für sehr viel Geld erfolgte Renaturierung sehe ich als eine Art Reparatur oder Ausgleich.

Angelika: Ich denke, wir wären auch ohne neue Naherholungsgebiete gut zurechtgekommen. Die Renaturierungsversuche von RWE sind für mich reines Greenwashing. Die Sophienhöhe, das Rekultivierungsprojekt vom Hambacher Forst, ist nur ein Drittel so groß wie der ganze Tagebau – der immer noch wächst. Inwiefern gleicht das die verlorenen Wälder aus? Neben der ausgebeuteten Erde dürfen auch die Dörfer und Menschen nicht vergessen werden, die einfach so umgesiedelt wurden. Aus dem Dorf Morschenich wurde einfach »Morschenich-Neu«. Das klingt so einfach, aber man hat Hunderten Menschen für immer ihr Zuhause genommen.

Aber genug vom Hambacher Forst, ich wollte eigentlich gerade erzählen, wie ich dann richtig zum Klimaschutz gekommen bin. Das fing 2015 an, als ich zum Studium nach Düsseldorf zog. Die Uni hatte einen großen Einfluss auf meine Persönlichkeit und mein Bewusstsein. Zu Hause bei meinen Eltern waren Bio-Lebensmittel oder Plastikreduzierung nie ein Thema. Ihnen fehlten Zeit, Nerven und auch die finanziellen Ressourcen, um sich konsequent mit Nachhaltigkeitsfragen auseinanderzusetzen. Nach dem Soziologen Klaus Dörre ist soziale Sicherheit eine wichtige Bedingung für die Beschäftigung mit der Klimakrise, und daran haben meine Eltern nach ihrer Migration in Deutschland hart gearbeitet. Wie war das bei euch?

Daniel: Plastikmüll oder Bio-Lebensmittel waren bei uns auch kein großes Thema. Als ich in den 1970er-Jahren noch zu Hause wohnte, haben sich meine Eltern darauf konzentriert, wie man mit vier Kindern und dem Gehalt eines mittleren Angestellten überlebt. Und das ist heute bei einem großen Teil der Familien immer noch so, vor allem bei den vielen Gering- und Normalverdienern in Deutschland.

Angelika: Die Welle, die den Klimaschutz dann noch mal richtig in das Bewusstsein aller gebracht hat, waren aber schon die Fridays-for-Future-Demonstrationen im Jahr 2019. Die Bewegung hat nicht nur der Nation, sondern auch der Politik einen Spiegel vorgehalten und Klimaschutz wieder ganz oben auf die Agenda gebracht. Ich erinnere mich noch, als ich das zum ersten Mal auf Instagram sah, wie alle um einen herum Schilder gemalt haben und kollektiv freitags Uni und Schule geschwänzt haben. Die Grünen lagen auf einmal in allen Umfragen vorn. Zum ersten Mal war sogar die Rede von einer grünen Bundeskanzlerin oder einem grünen Bundeskanzler. Das hatte es vorher ja noch nie gegeben.

Daniel: Das stimmt. Es wurde bis dahin nie darüber spekuliert, ob ein Mensch aus der Grünen Partei vielleicht einmal das höchste Regierungsamt bekleiden würde. Aber es gab schon weit vor FFF sehr viel Aufmerksamkeit für das Thema Ökologie. Angefangen beim Waldsterben in unserer Region, aber auch weit darüber hinaus. Die Abholzung der Regenwälder in Afrika und Südamerika beispielsweise war schon vor zwanzig, dreißig Jahren ein großes Thema. Und es war Konsens in meiner Generation, dass man dagegen angehen müsse.

Angelika: Mag ja sein, dass ihr auch dagegen wart, aber

die Regenwälder auf unserer Erde sind im Laufe der Jahrzehnte trotzdem immer kleiner geworden.

Daniel: Damit berührst du einen wunden Punkt im Streit der Generationen. Es geht beim Klimaschutz doch nicht um die Frage, ob wir Älteren gar nichts oder nicht genug getan haben. Es ist wirklich viel passiert in Sachen Umweltschutz und vor allem beim Herausbilden eines breiten Umweltbewusstseins. Aber das ist leider eindeutig immer noch zu wenig gewesen.

Angelika: Da sind wir uns, glaube ich, einig, aber das ist nicht der Punkt.

Daniel: Richtig, der wirkliche Streit zwischen den Generationen dreht sich eher um die Frage: Haben wir Älteren vorsätzlich zu wenig getan? Stimmt es, dass wir Boomer und auch die Generation vor uns einfach nur bedenkenlos gelebt und konsumiert haben? Trifft es zu, dass wir mit unserem Verhalten den nachwachsenden Generationen einen großen Teil ihrer Lebensgrundlage geraubt haben, wie Greta Thunberg behauptet?

Angelika: Du beziehst dich auf Thunbergs Rede beim UN-Klimagipfel 2019? Ja, da ist sie, zu Recht, sehr offensiv aufgetreten, ihr Schlüsselsatz begann mit »How dare you ...«

Daniel: Ja, sie hat die anwesenden Vertreter der Staatengemeinschaft gefragt, wie sie es wagen könnten, aus Selbstsucht die Träume und Zukunft der jungen Generation auf dieser Erde zu zerstören. Das war schon heftig, ein richtiger Angriff. Viele haben das als übertrieben empfunden, nicht nur wegen des Inhalts der Botschaft, sondern auch wegen ihrer Wortwahl und des insgesamt sehr aggressiven Auftritts. Und das ist genau das, was heute diesen Generationenkonflikt beim Thema Klimaschutz so massiv befeuert. Es wird meiner Meinung nach nur selten konstruktiv geredet, sondern man hat sich in eine immer stärkere Vorwurfshaltung begeben. Wir Älteren werden regelrecht angeklagt, und das stört mich.

Angelika: Es ist eben nicht mehr fünf vor zwölf, die zwölf haben wir längst überschritten. Und Klimaschutz ist nun einmal das Generationenthema schlechthin. Nicht nur, weil das Bundesverfassungsgericht den Klimaschutz zu einem festen Bestandteil der Generationengerechtigkeit gemacht hat. Fakt ist auch, dass wir jungen Menschen euch einige Jahrzehnte überleben werden. Jahre, in denen sich die Erde weiter erwärmen wird. Ein internationales Team schrieb 2021 in den *Proceedings* der US-amerikanischen Nationalen Akademie der Wissenschaften, dass im Jahr 2070, da werde ich 73 Jahre alt sein, mehr als zwei Milliarden Menschen an Orten leben werden, an denen die Temperaturen »fast unerträglich« sind. Das ist nicht nur irgendeine abstrakte Zahl, das ist real und führt zu existenziellen Krisen. Ich kenne viele junge Frauen, die Angst haben, Kinder in diese Welt zu setzen. Und das ist nicht nur ein Problem in Deutschland. Eine Umfrage aus dem Jahr 2021 ergab, dass weltweit 40 Prozent der 16- bis 25-Jährigen wegen der Klimakrise unsicher sind, ob sie Kinder haben wollen. Stell dir das in seiner ganzen Konsequenz vor! Wir leben in einer kollektiven Angst vor unserer Zukunft.

Außerdem wurde der Klimaschutz nicht nur in den letzten Jahrzehnten versäumt. Auch heute noch bemühen sich Politik und Wirtschaft, übrigens alle mit Boomer-Männern an der Spitze, teilweise nur wenig um Klimagerechtigkeit.

Daniel: Woran machst du das fest, dass heute immer noch keine klimagerechte Politik betrieben wird?

Angelika: Natürlich sind alle demokratischen Parteien »fürs Klima« und haben Klimaschutz im Wahlprogramm stehen. Doch obwohl die Grünen Teil der aktuellen Bundesregierung sind, fließen immer noch Milliarden-Subventionen in umweltschädliche Projekte: Flugbenzin wird nicht besteuert, mit der Pendlerpauschale und dem Dienstwagenprivileg werden Menschen quasi dafür bezahlt, Auto zu fahren, wir haben einen reduzierten Mehrwertsteuersatz für viele tierische Produkte – und die Liste ist noch viel länger. Die Klimaziele, die sich die Ampel-Koalition gesetzt hat, werden vor allem im Verkehr und bei Gebäuden klar verfehlt. Auf der anderen Seite stoßen Unternehmen wie ThyssenKrupp rund acht Millionen Tonnen CO_2 im Jahr aus. Die Energiewirtschaft und Unternehmen wie RWE, über das wir ja schon gesprochen haben, sind die größten Emittenten. Unsere Forderungen werden häufig als kompromisslos dargestellt, aber Klimaschutz funktioniert eben nicht nur halb.

Daniel: Aber die Energiewirtschaft hat es doch geschafft, das Wirtschaftswachstum vom Umweltverbrauch zu entkoppeln. Wir produzieren heute mehr Strom denn je mit weniger Emissionen. Also gerade im Energiesektor ist schon sehr, sehr viel passiert. Und wenn wir unsere ganzen Atomkraftwerke nicht abgeschaltet hätten, wäre der CO_2-Ausstoß noch viel geringer. Das ist eben auch etwas, was ich bei dieser Diskussion manchmal vermisse: das Anerkennen des bereits Erreichten. Alle diese Verbesserungen fielen ja nicht vom Himmel. Die Technik für mehr Klimaschutz und die ganze begleitende Wissenschaft mussten sich ja auch erst langsam entwickeln. Das war nichts, was man im Handumdrehen zur Verfügung hatte, sondern es war ein sehr, sehr langer Prozess. Man muss es erforschen, man muss es entwickeln.

Angelika: Das klingt ja alles schön und gut – aber wo hat es uns hingeführt? Danke, dass ihr das Problem erkannt habt? Der Klimawandel wartet nicht, bis die Politik Maßnahmen auf Klimakonferenzen entschieden hat, bis Techniken ausgereift sind, um umweltfreundlich Strom zu erzeugen, bis diskutiert wurde, wer was bezahlen soll. Atomkraftwerke als Alternative zu Kohle auf die Agenda zu bringen verhält sich für mich wie Pest und Cholera. Es stimmt zwar, dass während der Stromproduktion aus Kernenergie kaum Treibhausgase freigesetzt werden. Aber CO_2 wird vor allem bei den Schritten vorher und nachher, beim Uranabbau, der Brennelementeherstellung, dem Kraftwerksbau und -rückbau und der Endlagerung ausgestoßen. Ganz zu schweigen von den ganzen Risiken, die Atomkraft mit sich bringt.

Während der Corona-Krise haben wir gesehen, wie schnell etwas entwickelt werden kann und wozu Staaten und Wissenschaftler*innen imstande sind, wenn vor allem die Länder des globalen Nordens in eine Krise geraten. 2020 wurde alles stehen und liegen gelassen, um einen Impfstoff zu entwickeln. Wieso machen wir nicht dasselbe bei der Klimakrise?

Weil wir sie noch nicht auf den ersten Blick sehen. Natürlich gibt es nicht *ein* Rezept, das uns retten wird – aber es wird bei Weitem nicht alles dafür getan, das Schlimmste aufzuhalten. Unsere Anstrengungen, um die Erderwärmung auf ein erträgliches Maß zu begrenzen, hinken dem Ziel weit hinterher. Deutschland ist noch erheblich davon entfernt, die Vorgaben des Pariser Klimaabkommens zu erfüllen. Ja, die Forderungen sind groß, aber das müssen sie nach den Versäumnissen der letzten Jahre auch sein.

Daniel: Klima- und Umweltschutz brauchen ein Mindestmaß an gesellschaftlicher Akzeptanz, das funktioniert in einer Demokratie nicht einfach per Verordnung oder von oben herab. Wir können nicht einfach Firmen wie Thyssen-Krupp schließen, weil sie zu den größten Emittenten gehören. Vor allem ist damit nichts gewonnen. Wir verlieren in Deutschland Arbeit und Wohlstand, und ThyssenKrupp produziert den Stahl dann halt in Polen oder in anderen Ländern – mit den gleichen oder gar noch größeren Emissionen. Deshalb versuchen wir ja, mit viel öffentlichem Fördergeld, bald »grünen Stahl« herstellen zu können. Aber das geht eben auch nicht von heute auf morgen.

Oder nimm das Beispiel Indien oder einige afrikanische Staaten. Dort werden jetzt noch jede Menge neue Kohlekraftwerke projektiert, und die Dinger laufen mindestens vierzig, fünfzig Jahre. Gleichzeitig schließen wir in NRW eines der modernsten Kohlekraftwerke der Welt, das kaum gelaufen ist. Und wozu? Den Kohleausstieg bis 2030 schaffen wir ohnehin nicht, weil es nicht genug Back-up-Kapazitäten gibt ...

Angelika: Worauf willst du hinaus?

Daniel: Ultimative Forderungen oder radikale Ziele klingen in euren Ohren vielleicht gut, aber sie bringen nichts. Wie das ausgehen kann, haben wir doch bei der Diskussion um das Heizungsgesetz gesehen. Als Robert Habeck versucht hat, beim Klimaschutz im Gebäudebereich mit dem Kopf durch die Kellerwand zu gehen, war es schlagartig vorbei mit der Akzeptanz. Ich glaube sogar, dass diese Radikalität nach dem Motto »Jetzt und sofort alles«, wie das von Fridays for Future oder Extinction Rebellion oder von den Klimaklebern kommt, eher das Gegenteil bewirkt. Es ist doch absolut sinnlos, sich auf die Straße zu setzen, den Verkehr aufzuhalten, Tausenden Menschen die Zeit zu stehlen und dann auch noch zu glauben, dass die Leute auf diese Weise mehr Akzeptanz für den Klimaschutz entwickeln. Dieses Verhalten und diese Anmaßung sind genau das, was viele Leute meiner Generation stört.

Angelika: Bei Gruppen wie der Letzten Generation geht es nicht um die Akzeptanz für den Klimaschutz, sondern um die Aufmerksamkeit. Protest muss wehtun, um Wirkung zu haben. Die Forderungen von Fridays for Future und anderen Aktivist*innen werden vor allem von Boomern ideologisiert, ihr stempelt das als »Öko-Diktatur« oder »Planwirtschaft« ab. Als würde da nicht eine ganze Generation für unser aller Wohl kämpfen, für euer Wohl und das unserer künftigen Kinder.

Daniel: Ich spreche niemandem den guten Willen ab, im Gegensatz zu den von dir genannten Aktivisten, die eben nur ihren Weg und ihre Wahrheiten sehen und nichts anderes akzeptieren wollen.

Angelika: Der Kampf gegen die Erderwärmung muss auf vielen Ebenen stattfinden. Natürlich bringt es nichts, wenn Klimaschutz auf Bambus-Zahnbürsten oder ein Verbot von Plastik-Strohhalmen reduziert wird. Wir stecken in einer globalen Krise, und ohne die Kooperation mit anderen Staaten wird das nicht funktionieren. Trotzdem liegt das Problem eben auch bei uns. Immer nur zu schauen, was östlich und südlich von uns passiert, und dabei die Haltung eines verärgerten Kindes anzunehmen, frei nach dem Motto »Wenn du das nicht machst, mach ich das auch nicht« hat noch nie funktioniert, vor allem nicht auf einer psychologischen Ebene.

Daniel: Was meinst du damit?

Angelika: Ein reiches Land wie Deutschland muss Vorbild sein, muss zeigen, dass Klimaschutz wirklich funktionieren kann. Außerdem ist es ungerechtfertigt, Deutschland mit China und Indien zu vergleichen: Deutschland liegt zwar im weltweiten CO_2-Ausstoß »nur« auf Platz sieben, hat aber deutlich weniger Einwohner*innen als China, die USA und Indien. Schaut man sich den Ausstoß pro Kopf an, liegen wir mit 8,1 Tonnen pro Kopf im Jahr 2021 sogar knapp vor China, wo 8,0 Tonnen ausgestoßen wurden. Und es ist nicht nur so, dass wir hierzulande einfach gern mit dem Finger auf die anderen Länder zeigen, nebenbei üben wir uns noch in Scheinheiligkeit und lassen unsere Handys und Klamotten in asiatischen Staaten produzieren. Hauptsache, wir stehen in irgendwelchen Rankings besser dar.

Ich glaube, wir vergessen hier sehr oft, was die Folgen von alldem sind und wer die Menschen sind, die wirklich unter unserem Handeln leiden. Es sind immer diejenigen, die am wenigsten besitzen, marginalisierte Gruppen, viele Frauen und natürlich der globale Süden. Und das gilt auch für den Klimaschutz. Darunter leiden zuerst Menschen, die ohnehin arm sind. Ausgerechnet denen wird als Erstes das wenige genommen, was sie noch haben. Mit unseren Freiheiten in Deutschland nehmen wir anderen Menschen in weniger privilegierten Teilen der Welt ihre Freiheit, weil zum Beispiel ihr Land überschwemmt wird oder ihre Insel im Meer versinkt. Eigentlich müssen wir inzwischen auch nicht mehr so weit schauen, wenn wir an das Ahrtal denken.

Daniel: Ja, das Argument, dass in anderen Ländern weniger Umweltschutz stattfindet als bei uns, kann kein Grund sein, hierzulande die Hände in den Schoß zu legen. Wenn im globalen Süden noch alte Kohlekraftwerke laufen, ist das kein Freifahrtschein, bei uns nichts zu tun. Das war so nicht gemeint. Mir ging es eher darum zu sagen, dass wir uns sehr genau überlegen müssen, wie wir unser Geld und unsere Technik am besten einsetzen. Es wäre doch sinnlos, wenn wir beispielsweise bei uns mit fortgeschrittener Effizienztechnik 10 Millionen Euro aufwenden, um eine Tonne CO_2 zu sparen, während man in anderen Ländern mit dem Einsatz von nur einer Million Euro ebenfalls eine Tonne CO_2 einsparen kann.

Angelika: Worauf willst du hinaus?

Daniel: Wir müssen viel mehr auf effiziente Technik setzen und dabei nichts ausschließen, weder Atomkraft noch die vielen Möglichkeiten, CO_2 durch Abscheidung, Luftfilter oder Verpressung in den Boden zu neutralisieren. Beim Thema Technik sehe ich gerade bei uns in Deutschland große Widersprüche. Das rührt daher, dass die Umweltbewegung letzten Endes immer auch eine Technik-skeptische Bewegung gewesen beziehungsweise im Kern immer noch ist. Man war von Anfang an gegen Großtechnologien, gegen Atomkraftwerke, gegen CCS, also Speicherung von Kohlenstoff in Böden, gegen alle diese Technologien, die nun auch entwickelt worden sind, zur Energiegewinnung, aber auch zur Reduzierung der Emissionen. Das gilt im weitesten Sinne auch für die Gentechnik. Man kann heute Getreidesorten züchten, die mit weniger Wasser auskommen, die mehr Hitze vertragen und die deshalb vielen Menschen im globalen Süden helfen könnten, ebenso wie Dünger und Pflanzenschutzmittel. Am Ende ist das immer verteufelt worden.

Angelika: Das war vielleicht am Anfang der Umweltbewegung und der Grünen so, aber es hat sich da doch einiges getan.

Daniel: Es ist richtig, dass die ganz harte Linie nicht mehr so gehalten wird und dass auch der Umweltschutz ein bisschen entideologisiert wird. Aber trotzdem ist auch immer sehr viel Ideologie dabei, sehr viel Inkonsequenz. Nimm nur das kleine Beispiel, dass wir in Deutschland trotz der Gasmangellage unser eigenes Gas nicht fördern, obwohl wir genug haben, um uns jahrelang selbst zu versorgen. Stattdessen nehmen wir lieber Gas aus anderen Ländern. Aus schlimmen Diktaturen, was aber in diesem Zusammenhang erstaunlicherweise keinen stört, auch nicht die grünen Ministerinnen und Minister.

Oder wir kaufen Gas aus den USA, das dort unter teils üblen Bedingungen gefrackt wird. Dort wird es tiefgefroren, flüssig gemacht und in Schiffen mit sehr schmutzigem Schiffsdiesel über die Weltmeere zu uns gebracht. Hier wird es dann wiederaufbereitet und gasförmig gemacht. Der ganze Prozess ist von der Energiebilanz her total ineffektiv und klimaschädlich. Trotzdem nehmen wir jede Menge von diesem LNG-Gas und reden nicht darüber.

Auch die Debatte über eine befristete Weiternutzung unserer sicheren und CO_2-freien Kernkraftwerke ist politisch abgebrochen worden, wir haben schon darüber gesprochen, auch über die Konsequenz, dass der Kohleausstieg 2030 mangels Ersatzenergie höchstwahrscheinlich nicht gelingen wird. Das sind alles Inkonsequenzen, bei denen ich mich frage: Warum ist das so? Warum hat man bei uns diese ganzen Technikbereiche praktisch außer Landes getrieben? Stattdessen wird das jetzt überall anders entwickelt und angefertigt, und andere Länder verdienen damit auch gut. Das wäre ein gelebter Umweltschutz, der auch profitabel ist, aber wir machen es nicht.

Angelika: Du redest jetzt schon ziemlich lange. Also, was ist deine Botschaft? Wir haben es immer noch nicht kapiert, willst du das sagen?

Daniel: Entschuldigung, ich will keine Vorträge halten. Aber ich wünschte mir beim Klimaschutz weniger Ideologie und stattdessen mehr Pragmatismus. Seid offener für Technik und technische Lösungen, tragt diese Technikfeindlichkeit aus den Anfängen der Umweltbewegung nicht weiter in eure und die nächste Generation. Ich glaube, dass Umweltschutz am Ende nur mit einer maximal guten und vielfältigen Technik gelingen kann.

Angelika: Mag ja sein, aber du musst zugeben, dass ihr in den letzten Jahrzehnten eigentlich nur ökologische Lippenbekenntnisse abgegeben habt. Deutschland hat sich als Erfinder der Energiewende gebrüstet, aber richtig viel geschafft habt ihr nicht. Du hast selbst zugegeben, dass wir die Klimaziele nie erreicht haben – obwohl wir ein reiches Land sind und auch über viel technische Kompetenz verfügen. Und jetzt kommt durch FFF und unsere Generation eine sich selbst beschleunigende, am Ende ultimative Dringlichkeit in Sachen Klimaschutz auf euch zu, und ihr fühlt euch bedroht und zu Unrecht angegriffen. Wir sehen doch alle diese riesigen Umweltschäden, das Abschmelzen der Gletscher, vermehrte Stürme, Überschwemmungen, Dürren und all diese unheilvollen Entwicklungen. Ja, ihr habt meinetwegen mit dem Umweltschutz angefangen, aber damit hat sich das noch nicht erledigt.

Daniel: Das stimmt schon, wir hätten wahrscheinlich viel entschiedener sein müssen, viel konsequenter. Das räume ich gern ein. Aber ich glaube, dass man auch im Verhältnis der Generationen nicht weiterkommt, wenn die Jüngeren, die in dem sehr wohlhabenden Land ihrer Boomer-Eltern groß geworden sind und von diesem Wohlstand ja auch sehr gern profitieren, uns Älteren ständig Vorhaltungen machen. Wir hätten mehr tun können, einverstanden, aber es fehlt auch heute nicht an gutem Willen.

Angelika: Guter Wille? Dann nimm doch mal das Tempolimit. Es bringt vielleicht nicht wahnsinnig viel, aber es wäre ein wichtiger Beitrag zur CO_2-Vermeidung. Kosten würde es nichts, man muss nur ein Gesetz erlassen. Aber selbst das funktioniert nicht, weil die Autofahrer-Lobby immer noch so stark ist. Ich glaube, jeder unter 40 Jahren versteht nicht, warum wir das immer noch nicht umgesetzt haben. Warum muss man schneller als 120 Stundenkilometer fahren? Und das sind, glaube ich, die Sachen, die unsere Generation einfach mit einem Fragezeichen dastehen lassen.

Ein anderes Beispiel: Warum muss man viel fliegen? Warum muss jeder ein Auto besitzen? Es geht ja auch um die individuelle Entscheidung. Ich habe das Gefühl, es wird einem in Deutschland einfach schwer gemacht, die klimafreundliche Variante zu wählen – und zwar in allem. Es ist kompliziert und gefährlich, in Berlin Fahrrad zu fahren. Ich traue mich das nicht mehr, vor allem nicht mehr, seit ich im Wedding wohne, weil da nicht nur die Autofahrer*innen rücksichtslos sind, sondern auch die Fahrradwege zu eng oder nicht vorhanden sind. Wenn ich mit der Bahn in den Urlaub will, dauert die Fahrt nicht nur mindestens doppelt so lange, die Tickets sind außerdem unfassbar teuer. Und wenn ich dann auf den Schnäppchenseiten im Internet sehe, dass ich für 60 Euro in einer Stunde von Berlin nach Köln fliegen könnte, werde ich richtig wütend. Die klimafreundliche Variante ist, viereinhalb Stunden lang Zug fahren – wenn die

Bahn denn einmal pünktlich wäre –, und das alles dann für 100 Euro. Die Politik überlässt klimapolitische Entscheidungen dem Individuum, aber das macht es am Ende natürlich vielen schwer, sich gegen die einfache, schnellere und oft auch noch billigere Variante zu entscheiden.

Daniel: Das Tempolimit ist auch wieder ein Symbolthema, so ein goldenes Kalb, das von beiden Seiten angebetet wird. Die einen wollen nicht, dass man schneller als 100 fährt, und die anderen wollen gelegentlich, wenn es leer ist, auf der Autobahn auch mal 150 oder mehr fahren dürfen, um schneller anzukommen. Das ist genau wie diese Diskussion um Tempo 30, ja jetzt manchmal sogar schon Tempo 20 in den Städten. Ich glaube, wenn man mit einem Auto im zweiten Gang mit 20 oder 30 durch die Stadt fährt, bringt das der Umwelt nichts oder nur wenig. Dahinter steckt doch in Wahrheit der inzwischen weitverbreitete Kampf der Grünen gegen das Auto. Dieses Thema ist emotional stark aufgeladen.

Für viele Menschen, vor allem auf dem Land, gehört ein Auto zum Leben. In Großstädten mit gutem Nahverkehr kann man leichter auf ein Auto verzichten, insbesondere wenn man sich teure Innenstadtlagen leisten kann. Aber die Krankenschwester, die am Stadtrand lebt, weil sie nur da eine Wohnung bezahlen kann, braucht schon ein Auto, wenn sie morgens um sechs Uhr zum Schichtbeginn ins Krankenhaus muss. Oder die Putzfrau, der Verkäufer oder die Polizeibeamtin, die alle in der Innenstadt arbeiten und dort im Zweifel die geräumigen Altbauwohnungen derjenigen putzen und bewachen, die ihnen das Auto verbieten wollen. Die Leute, die frühmorgens zum Mindestlohn im Bioladen in Prenzlauer Berg die Regale einräumen, haben in aller Regel einen weiten Weg zur Arbeit. Denen kann man nicht mit dem Fahrrad kommen. Ich finde es ziemlich arrogant, wenn wohlhabende junge Innenstadtbewohner dieser Schicht der hart arbeitenden Bevölkerung empfehlen, auf das Auto zu verzichten und Bahn zu fahren.

Angelika: Und ich finde es arrogant, sich mit Niedrigverdienern herauszureden. Als ob jeder von ihnen ein eigenes Auto vor der Tür stehen hätte! Du hast ein Auto, nicht wahr?

Daniel: Und du hast keines, richtig? Dann ist Gut und Böse ja schon klar verteilt.

Angelika: Das ist Blödsinn, und das weißt du. Aber du brauchst doch eigentlich in Berlin kein Auto, oder?

Daniel: Ich sage jetzt einen Satz, der in eurer Generation verpönt ist, aber er stimmt trotzdem: Ein Auto ist auch ein Stück Freiheit ...

Angelika: Oh-oh ...

Daniel: Also, ich benutze meinen Wagen ungefähr ein- bis zweimal pro Woche, wenn ich abends spät noch auf einem Termin bin oder bei einer privaten Einladung. Ich habe dann um 23 oder 24 Uhr einfach keine Lust mehr, auf den Bus oder die Bahn zu warten. Und wenn ich am Wochenende mal raus aus Berlin will, erreiche ich viele schöne Plätze eben nicht mit dem ÖPNV. Ich finde es deshalb nicht in Ordnung, wenn der gelegentliche Gebrauch des Autos verteufelt oder mir als verantwortungsloses Verhalten angekreidet wird.

Angelika: Wenn du es so selten nutzt, wäre es aber sinnvoller, dich für Carsharing oder ein Taxi zu entscheiden, damit das Auto nicht unnötig rumsteht und kostbaren Platz verstellt ...

Ich stimme aber zu, dass es Menschen gibt, die ein Auto brauchen. Meine Eltern wohnen auf dem Dorf, die wären da ohne Auto komplett abgeschnitten. Bei Familien ist es natürlich auch oft einfacher mit dem Auto, statt mit dem Kinderwagen Treppen und Rolltreppen meistern zu müssen. Es gibt auch oft das Problem, dass Leute zwar den Bus nehmen wollen, es dann aber nicht können, weil eben nur ein Bus am Tag fährt. Das ist Aktion und Reaktion, das bedingt sich gegenseitig, da muss auf jeden Fall mehr getan werden.

Aber ich verstehe überhaupt nicht, warum man Autos in Städten braucht. Ich finde zum Beispiel, dass die Zehntausende Autos in Berlin das gesamte Stadtbild zerstören. Alles ist voll mit Autos, egal wohin man sieht. Die stehen eigentlich nur im Stau, und man atmet diese Abgase ein, wenn man daneben auf dem Fahrrad fährt. Und dann werden alle immer aggressiver, die Autofahrer und – zugegeben – auch die Radfahrer, obwohl die ja eigentlich das Nachsehen haben.

Daniel: Worauf können wir uns einigen?

Angelika: Du verkaufst dein Auto und spendest das Geld für ein Klimaprojekt.

Daniel: Auweia ... Das ist mir zu radikal. Aber ich mache einen anderen Vorschlag: Wir sollten so wenig wie möglich fliegen und Flugbenzin künftig mit hohen Steuern belegen. Im Geschäftsleben kann man die meisten Termine inzwischen per Skype oder Teams machen, das hat in der Pandemie auch gut geklappt. Der ökologische Fußabdruck beim Fliegen ist einfach viel zu hoch, ich fahre beruflich auch fast immer mit der Bahn, selbst lange Strecken, die ich früher noch geflogen wäre. Aber was machen wir, wenn man mal in die Sonne fliegen oder etwas von der Welt sehen möchte?

Angelika: Ich verstehe es, wenn man gelegentlich in den Urlaub fliegen will. Es ist ja nicht so, als ob wir das nicht machen. Wir sind ja entgegen diesem blöden Schlagwort auch keine »Ökodiktatur«, in der jemandem verboten wird, einen Flug zu buchen. Aber ich glaube, dass viele Menschen einfach das Verhältnis dazu verloren haben. Von der oberen Mittelschicht bis zu den Superreichen wird das Flugzeug benutzt wie von anderen Leuten die S-Bahn – einfach einsteigen und los. Für ein Wochenende nach Mallorca, Paris oder Malaga. Das finde ich rücksichtslos, diese Leute sollten sich mehr Gedanken machen über ihre individuelle Verantwortung für diese Welt und für ihre Kinder.

Aber die Politik kann auch viel bewirken: Warum ist das Flugticket so günstig, und warum ist die Bahnfahrt im Verhältnis so teuer? Warum wird Kerosin subventioniert?

Daniel: Die günstigen Preise haben auch dazu geführt, dass in deiner weltgewandten Generation viel und gern geflogen wurde und dass auch Menschen sich eine Fernreise leisten konnten, die vorher nur davon träumen konnten. Aber das ändert sich gerade wieder.

Angelika: Am Ende bleibt dieses Gefühl, dieser Begriff der »Freiheit«, wie du es genannt hast. Das wird gleichgesetzt mit Demokratie, das ist »meine Freiheit«, und ich will das durchziehen. Albert Camus hat mal gesagt: »Man ist immer auf Kosten eines anderen frei.« Es ist eine merkwürdige Freiheit, deinen Mitmenschen und uns als nachfolgender Generation die Folgen deiner »Freiheit« aufzuzwingen. Wir sind die Generation, die 2060 noch leben und die unter diesen Folgen leiden wird, vor allem unsere Kinder. Wir sind die Generation, bei der es zwei Grad oder mehr wärmer sein wird. Weite Teile der Welt werden nicht mehr bewohnbar sein. Was passiert dann eigentlich mit den zwei Milliarden Menschen, die kein Zuhause mehr haben?

Geflüchtete werden in Deutschland nicht so gern gesehen, aber wir werden sie trotzdem aufnehmen müssen. Und ich glaube, das ist ein Aspekt, der oft übersehen wird. Ja, ich verstehe, man will in den Urlaub fliegen, Auto fahren, herumreisen. Und wir müssen auch aufpassen, dass es Deutschland wirtschaftlich weiter gut geht. Aber bitte setzt das Menschliche voran. Das Wichtigste ist doch, zu versuchen, das Leben auf dieser Welt noch schön zu halten. Ich will auch nicht die Boomer verteufeln und sie auch nicht alle in einen Topf werfen, denn ohne euch schaffen wir das nicht. Vielmehr müssen wir da alle an einem Strang ziehen.

KAPITEL 3

Ernährung – Alles bio, oder was?
Die Politik in der Küche

In Deutschland wird immer weniger Fleisch gegessen: 2023 betrug der Fleischkonsum pro Kopf 52 Kilogramm. Zehn Jahre zuvor wurden durchschnittlich noch rund 61 Kilo Fleisch gegessen. Rund zwölf Prozent der Menschen in Deutschland ernähren sich laut einer repräsentativen Forsa-Umfrage mittlerweile vegetarisch oder vegan. Der Konsum von tierischen Produkten wird dabei vor allem in jüngeren Generationen bewusster und kritischer gesehen. In keiner Altersgruppe ist die Anzahl der Personen, die sich vegetarisch ernähren, größer als bei der Generation Z: 15 Prozent der unter 30-Jährigen bezeichnen sich als Vegetarier*innen. Bei den Befragten ab 60 Jahren sind es nur sechs Prozent. Vor allem die unter 30-Jährigen geben einen Beitrag zum Tierwohl als Grund für den Konsum von pflanzlichen Alternativen zu tierischen Produkten an. Trotzdem ist sowohl bei den Jüngeren als auch den Älteren die Umwelt der Hauptgrund, um sich für pflanzliche Lebensmittel zu entscheiden. Doch die Unterschiede in der Ernährung gehen über den Fleischkonsum hinaus: Für die junge Generation müssen Lebensmittel eher bio, regional und vor allem gesund sein – sind das zu hohe Ansprüche?

Angelika: Genau wie das Klima ist auch die Ernährung ein wichtiges Thema der Generation Z. Die beiden Themen gehen Hand in Hand. Der Konsum von tierischen Produkten wird in den jüngeren Generationen bewusster und kritischer gesehen, das zeigen auch die Statistiken. Der Anteil der Vegetarier*innen ist in der Altersgruppe unter 34 am größten. Ich selbst bin auch Vegetarierin, und in meinem Freundeskreis gibt es nur eine kleine Handvoll Leute, die Fleisch isst, aber eher selten und sehr bewusst.

Anders ist das in meiner Familie, wo es vor allem am Anfang oft zu Konflikten kam: Meine Eltern haben mich gefragt, wie ich als Vegetarierin überhaupt noch satt werden wolle. Und ständig kamen Fragen wie, was man mir an Familienfesten kochen solle. Es gab auch den Vorwurf, ich würde als Vegetarierin eine »Extrabehandlung« einfordern.

An meinem ersten Weihnachtsfest als Vegetarierin war meine Oma so überfordert, dass ich einen Teller gekochter Kartoffeln als Festmahl bekam. Vor allem für eine russische Babuschka ist es schwer verkraftbar, wenn das Enkelkind kein Fleisch mehr isst. Dabei ist der Konsum von Fleisch einer der Klimakiller schlechthin. Tierhaltung und die für die Tiere angebauten Futtermittel sind der größte Verursacher von Treibhausgasen in der Landwirtschaft.

Daniel: Das ist eine Sicht auf das Thema Ernährung, die für deine Generation typisch ist, die aber meiner Beobachtung nach auch schon die älteren Jahrgänge erfasst hat. Wir kommen mit der alten westdeutschen Esskultur natürlich aus einer anderen Welt. Es gab damals diesen Werbespruch der deutschen Landwirtschaft: »Fleisch ist ein Stück Lebenskraft.« Das war zugleich eine Botschaft oder eher eine Aufforderung an die Hausfrauen, die zu dieser Zeit in der Regel das Essen zubereiteten: »Tut etwas Gutes für eure Familie, gebt ihnen etwas Lebenskraft!« Unbestritten war Fleisch

Teil einer »guten« Ernährung, und nur wenige wollten auf Fleischwaren verzichten. Wir haben uns deshalb an den regelmäßigen Konsum von Fleisch und Wurst gewöhnt, das sind für mich und meine Generation gelernte Verhaltensweisen und Einordnungen.

Aber die Dinge ändern sich, denn natürlich kommen eure Argumente bei uns an: Wir wissen, dass Fleisch ein Klimakiller ist und dass Massentierhaltung sowie ein bedenkenloser Fleischkonsum nicht in Ordnung sind. Es darf aber auch nicht außer Acht gelassen werden, dass Menschen »Gewohnheitstiere« sind und dass viele Leute Fleisch und Wurstwaren in ihren kulinarischen Alltag integriert haben, zumal wir in Deutschland mit einer großen Auswahl verwöhnt sind, was den Verzicht schwerer macht.

Der zweite Punkt ist, dass viele Leute einfach gern Fleisch essen und den Geschmack mögen. Auch ich habe zunehmend mehr Freunde, die Vegetarier sind, die aber offen zugeben, dass sie den Genuss von Fleisch vermissen, eben weil sie den Geschmack mögen. Die meisten machen es übrigens nicht aus Klimagründen, sondern aus Gründen des Tierwohls. Sie verweisen auf die fürchterlichen Haltungsbedingungen, unter denen Tiere oftmals großgezogen werden und leiden müssen.

Angelika: Ich verstehe, dass ein vegetarisches Leben eine große Umstellung ist und dass es einfacher ist, so weiterzumachen wie bisher. Ich habe 18 Jahre lang fast jeden Tag Fleisch gegessen, weil es das war, was zu Hause gekocht wurde. Mir wurde eingetrichtert, dass ich ohne Fleisch nicht satt werde und nicht wachse. Und was soll ich sagen – trotz 18 Jahren Fleischkonsum bin ich nur 1,58 Meter groß geworden. Jedenfalls nahm ich mir bei meinem Auszug aus dem

Elternhaus vor, nur noch »gutes« Bio-Fleisch von »glücklichen« Tieren zu essen. Leider wurde mir schnell bewusst, dass ich mir das mit meinem BAföG und meinem Kellnerinnen-Job natürlich nicht leisten kann. Also ließ ich es einfach ganz.

Und offen gesagt: Ich bin zu genau der richtigen Zeit Vegetarierin geworden. Ich will gar nicht wissen, wie schwer es gewesen sein muss, in den Nullerjahren, geschweige denn in den 1990ern Vegetarier*in gewesen zu sein. Damals gab es nur sehr wenig Angebote. Das begann sich dann ab 2014 langsam zu ändern. Im Jahr 2022 hat der Markt der Fleischersatzprodukte sogar einen regelrechten Boom erlebt: In jedem Supermarkt gibt es Regale voll mit Ersatzprodukten, wir haben Zugang zu Hunderten Veggie-Varianten. Waren es am Anfang nur einzelne Unternehmen wie Rügenwalder Mühle, haben jetzt auch Discounter eigene vegetarische und vegane Varianten auf den Markt gebracht. Es fühlt sich also nicht mehr nach Verzicht an, sondern nach einem Austausch. Es gibt Produkte, bei denen schmeckt man keinen Unterschied zu richtigem Fleisch.

Es ist heute also viel einfacher, vegetarisch zu leben, als es noch zu deiner Jugend war, wo vegetarisch sein hieß, den ganzen Tag Salat und Gemüse zu essen. Wahrscheinlich kommt da auch der Spruch her, dass Vegetarier*innen sich von Kaninchenfutter ernähren. Heute weiß man, wie man zum Beispiel die in Fleisch enthaltenen Proteine und das Eisen mit anderen, pflanzlichen Lebensmitteln ersetzen kann, um trotzdem eine ausgewogene Ernährung zu genießen.

Daniel: Viele dieser Ersatzprodukte bestehen allerdings aus Soja, das zu einem Großteil aus Monokulturen stammt und wofür insbesondere in Südamerika riesige Wald- und

Savannenflächen umgewandelt werden. Außerdem bleibt es bei euch Vegetariern nicht bei Ersatzprodukten. Dann werden jeden zweiten Tag Avocados gegessen, für deren Anbau Hunderte Liter Wasser benötigt werden, bevor sie über die halbe Welt hierher verschifft werden. Auf einmal achtet dann niemand mehr auf die Ökobilanz. Ich frage mich, ob es nicht besser ist, einmal die Woche ein regionales Bio-Schnitzel zu essen anstatt regelmäßig Avocados.

Angelika: 80 Prozent des angebauten Sojas werden zu Futtermitteln für Tiere verarbeitet. Nicht der Vegetarismus, sondern der Fleischkonsum trägt in Deutschland also zu den hohen Soja-Importen bei. Auch die Ökobilanz deines Schnitzels kann bei der Avocado nicht mithalten. Für die Produktion von einem Kilo Schweinefleisch wird sechs Mal so viel Wasser verbraucht wie für ein Kilogramm Avocados. Trotzdem gebe ich dir recht, ich glaube, dass wir zwar eine sehr aufgeklärte Generation sind, uns aber gern von Labels blenden lassen und die Herkunft unseres Essens nicht immer hinterfragen. Die hippen Cafés in Berlin, die Quinoa-Salate, Acai Bowls und Avocados auf zu hartem Sauerteigbrot servieren, sind voll von jungen Menschen. Diese ganzen Superfoods werden aber vorher um die halbe Welt geflogen und unter miesen Umständen in Südamerika angebaut.

Daniel: Das ist moralisch natürlich auch fraglich.

Angelika: Um aber zurück auf den Fleischkonsum zu kommen: Das Problem ist nicht der Mensch, der einmal die Woche ein Bio-Schnitzel isst. Das Problem ist, dass wir so viele sind und zusätzlich so viel Fleisch essen, was riesige Schlachthöfe zur Folge hat. Über 96 Prozent des in Deutschland konsumierten Fleischs stammen aus Massentierhaltung. Der Marktanteil von Bio-Fleisch lag 2022 bei lediglich knapp vier Prozent. Das wundert auch nicht, betrachtet man die Preisunterschiede zwischen Bio-Fleisch und Fleisch aus konventioneller Produktion: Ein Kilo Öko-Schnitzel kostet oft doppelt so viel wie ein Kilo herkömmliches Schnitzel.

Auch im Vergleich zu Ersatzprodukten ist konventionelles Fleisch viel zu günstig. In einer Studie wurde kürzlich festgestellt, dass ein Einkaufskorb mit zwölf pflanzlichen Alternativprodukten im Schnitt 53 Prozent teurer ist als ein Korb mit tierischen Pendants. Das liegt daran, dass Fleisch und andere tierische Produkte politisch subventioniert sind: Genauso wie Wurst und Käse wird Fleisch nur mit sieben statt regulär 19 Prozent besteuert. Außerdem ist die Technik durch die jahrelange Erfahrung viel ausgereifter und effizienter, Fleisch kann in viel größeren Mengen produziert werden als vegetarische Ersatzprodukte. Es wird den Konsumierenden also immer noch einfacher gemacht, auf die klimaschädliche Variante zurückzugreifen, als auf die gesündere und umweltfreundlichere.

Wie kann verantwortet werden, dass Milch günstiger ist, wenn sie aus einer Kuh kommt, die sich von Soja ernährt, als wenn die Milch direkt aus der Sojabohne kommt? Ich habe jedenfalls das Gefühl, dass meine Generation da ein viel stärkeres Bewusstsein hat und oftmals aufgeklärter ist.

Daniel: Biomärkte und bewusste Ernährung gibt es nicht erst seit gestern, sie sind keine Erfindung der Neuzeit. Ein wachsendes Bewusstsein für gesunde und auch nachhaltige Ernährung ist mittlerweile in allen Generationen zu erkennen. Das sieht man zum Beispiel daran, dass Supermärkte und Discounter wie Lidl und Aldi reagiert haben und ihre Sortimente mit Bio-Lebensmitteln erheblich erweitern.

Als Eltern wird man häufig von den Kindern, die vegetarisch leben oder leben möchten, ermahnt. Und natürlich lässt man sich als Eltern ungern vorschreiben, was man zu essen hat. Man möchte beim Sonntagsbraten oder bei einem Grillabend kein schlechtes Gewissen eingeredet bekommen. Bei diesem Konflikt geht es häufig nicht mal um die Sache selbst, sondern um den Ton, um die Vorhaltung und das umgekehrte Verhältnis zwischen Eltern und Kind – dass Kinder Wohlverhalten und Moral von einem verlangen, sich erhöhen und damit auf die Eltern herabschauen. Das führt dazu, dass Eltern sich ertappt fühlen, sie sind das nicht unbedingt gewohnt.

Angelika: Ich denke, dass sich der Generationenkonflikt vor allem aus der Frage der Normalität ergibt. In meiner Generation, die einen hohen Anteil an Vegetarier*innen ausmacht, ist es in vielen Kreisen, natürlich längst nicht in allen, seltener, dass jemand Fleisch isst. In deiner Generation ist es genau andersrum, Vegetarier*innen gelten vielleicht eher als eine Ausnahme, die eine Extra-Behandlung brauchen, die Pläne durcheinanderwerfen und auf die speziell geachtet werden muss. Und dann sagen sie dir auch noch, was du alles bei deinem Konsum falsch machst, das stelle ich mir auch stressig vor. Ich bin auch nicht als Missionarin für Vegetarismus unterwegs, mir geht es eher um das Ausmaß, in dem Billigfleisch konsumiert wird. Und Billigfleisch wird so lange konsumiert, solange es im Supermarkt verfügbar ist. Und dieses Problem löst sich nicht, wenn Vegetarier*innen durch die Gegend laufen und allen sagen, sie sollen aufhören, Fleisch zu essen.

Die Lösung kann nur die Politik in Form von Nahrungsmittel-Besteuerung oder Lohnanpassungen der Menschen bringen, die sich qualitatives Fleisch oder Ersatzprodukte nicht leisten können. Bio-Supermärkte sind bis jetzt nur für einen kleinen Teil der Gesellschaft zugänglich, sie gelten schon fast als Statussymbol und sind am Ende der Inbegriff sozialer Ungleichheit.

Daniel: Natürlich wäre es wünschenswert, wenn sich mehr Menschen biologisches Fleisch oder Lebensmittel aus biologischem Anbau leisten könnten. Es gibt aber eine große Wahrnehmungsdifferenz zwischen denen, die es sich leisten können und leisten wollen, und denen, die es sich de facto leisten können, aber keine Lust darauf haben, es für Geldverschwendung halten oder nicht davon überzeugt sind. Und wir wissen auch nicht, ob diejenigen, die sich den Einkauf im Bio-Supermarkt nicht leisten können, das überhaupt wollen würden.

Auf der anderen Seite wäre es schwierig, Fleisch in einer freien Marktwirtschaft zu verteuern. Man könnte es natürlich versuchen, indem man bestimmte Regeln für die Aufzucht von Tieren, die Verwertung von Fleisch und ähnliche Dinge erlässt. Aber ich denke nicht, dass es politisch durchsetzbar wäre, auf gesetzgeberischem Wege Billigfleisch oder Massentierhaltung zu verbieten oder mit Auflagen dafür zu sorgen, dass wir nur noch Bio-Fleisch mit entsprechenden Preisen im Supermarkt haben. Es würde zumindest ein sehr langer Prozess sein.

Im Umgang mit Ernährung gibt es eine große Bigotterie. Nehmen wir den letzten Grünen-Parteitag, auf welchem Sellerie-Schnitzel serviert wurden und die Mitglieder als Reaktion bei der lokalen Pizzeria in Karlsruhe in großen Mengen Pizzen bestellt haben. Das zeigt, dass selbst die Grünen manchmal an ihren eigenen Ansprüchen scheitern und dass diese Bigotterie in einigen Fällen der Grund ist, weshalb das Thema so emotional angefasst wird.

Das sehen wir zum Beispiel auch bei unserem Landwirtschaftsminister Cem Özdemir, der in seiner Position auch für Ernährung zuständig ist. Er hat Bürgerräte installiert, die die Bundesregierung zum Thema Ernährung beraten sollen. Man merkt, dass da eine kleine gesellschaftliche und politische Vorhut, vor allem rund um die Grünen und Cem Özdemir, auf eine gesellschaftliche Realität trifft, die einfach anders ist. Die Menschen setzen andere Prioritäten. Und diese Prioritäten beruhen in aller Regel weniger auf Verzicht von Fleisch, sondern vielmehr darauf, auf die Herkunft zu achten und weniger zu essen.

Ein weiteres Beispiel: 2013 haben die Grünen versucht, einen Veggie-Day in Kantinen einzuführen, also einen Tag in der Woche, an dem nur vegetarisches Essen angeboten wird. Die Idee stieß auf großen Widerstand. Es kann eben nicht der richtige Weg sein, die Bevölkerung durch Zwang zu gesunden und nachhaltigen Lebensmitteln zu bekehren, indem das Angebot verknappt und nur noch auf vegetarische Nahrungsmittel beschränkt wird.

Ich denke, dass der beste Weg die eigene Überzeugung und Wandel sind. Niemand will sich vorschreiben lassen, was er essen soll.

Angelika: Ich glaube, die Diskussion um einen Veggie-Day würde heute, mehr als zehn Jahre später, schon ganz anders verlaufen. Übrigens waren damals diejenigen, die dafür gestimmt haben, vor allem Jüngere und Frauen. Wie schwer kann es denn sein, einen Tag in der Woche bei einer Mahlzeit auf Fleisch zu verzichten? Ich weiß, dass jetzt wieder das Argument kommt, dass wir jungen linksgrünen Menschen und alle grünen Parteimitglieder allen alles verbieten wollen – aber es ging bei der Diskussion um einen Tag in der Woche. Und wenn man genau überlegt, will man wahrscheinlich gar nicht wissen, wo das Fleisch bei so manchem Kantinenessen herkommt. Vielleicht wäre ein Veggie-Day auch eine Möglichkeit, Menschen vegetarisches Essen näherzubringen.

Wenn ich zum Beispiel an meine Eltern denke: Hätte ich denen nicht gezeigt, wie lecker ein vegetarisches Wiener Würstchen ist, hätten die das niemals ausprobiert. Und diese Angst vor Neuem und vor Veränderung ist ja bei älteren Generationen oft sehr präsent. Stell dir mal vor, da sitzen auf einmal zehn Männer über fünfzig in der Kantine, essen ein vegetarisches Schnitzel und denken sich: Hey, das schmeckt ja ganz gut. Aber vielleicht träume ich auch nur.

Daniel: Ich bin ja durchaus dafür, dass in Kantinen nicht nur Fleisch, sondern auch vegetarische Alternativen angeboten werden. Aber eben auch ein Gericht mit Fleisch oder Fisch, das kann ja jeder selbst entscheiden. Wenn man keine Auswahl hat, wird einem eine einzige Möglichkeit sozial vorgeschrieben, und das ist dann indirekter Zwang. So sehe ich das. Und wie gesagt, ich setze mehr auf Überzeugung – und wo nicht überzeugt werden kann, da hilft auch kein Verbot oder Gebot. Im Gegenteil denke ich, dass das die Sache eher noch viel schlimmer machen und ein Irrweg sein würde. Solche Regeln führen zu einem Gefühl der Bevormundung, sei es durch die Kinder, Kantinen oder die Grünen, gepaart mit einem latent vorhandenen schlechten Gewissen. Man weiß ja, dass es besser wäre, nicht so viel Fleisch zu essen, ob für die Umwelt oder die Gesundheit.

Dieses schlechte Gewissen in Kombination mit einer gefühlten Bevormundung hat eine doppelte Wirkung, die eher zu einer Verhärtung in der Auseinandersetzung als zu einer Lösung führt. Das nennt man die Moralisierung des Kulinarischen, dass das Essen also mit einem ethischen Aspekt konnotiert wird. Darin enthalten ist auch eine gesellschaftliche Stigmatisierung, denn wenn wir ehrlich sind, sind Menschen, die sich ohnehin schon für Klimaschutz einsetzen, die Vegetarier sind, die bewusst auf Ernährung achten und die biologische Lebensmittel kaufen, eine bestimmte Gruppe, die in der Regel besser ausgebildet ist und besser verdient. Diese Menschen setzen sich an die Spitze einer ethischen Konsumgesellschaft, die sich von den anderen abhebt, indem sie es vermeintlich besser macht als die anderen. Die anderen werden automatisch auf den zweiten Platz verwiesen. Und die Politisierung des Essens auf diesem Weg ist meiner Meinung nach nicht gut, und es muss ein anderer Weg gegangen werden.

Angelika: Wieso fällt ein Großteil der Gesellschaft da eigentlich immer so über die Grünen her? Ich stelle mir dann immer Markus Söder vor, der schimpft, dass man ihm die Currywurst verbieten will. Ich glaube, die Debatte geht tiefer als das ständige Drauftreten auf die Grünen.

Aber ich stimme dir bei dem Punkt zu, dass »gutes« Essen und die Ressourcen, um sich mit bewusster Ernährung auseinanderzusetzen, ein Privileg sind, welches vor allem den gut verdienenden, gut ausgebildeten Teil der Gesellschaft erreicht. Viele Menschen sind froh, wenn sie es überhaupt schaffen, eine warme Mahlzeit auf den Tisch zu bekommen.

Am Ende ist vielleicht das flexitarische Modell ein guter Kompromiss. Zwei Flexitarier*innen ergeben eine*n Vegetarier*in. Dann muss sich auch niemand alles verbieten lassen, dazu wäre unsere Gesellschaft wahrscheinlich auch noch gar nicht bereit.

Daniel: Das denke ich auch. Man darf auch nicht vergessen, dass die Ethnologen herausgefunden haben, dass die Entwicklung des Menschen erst dann so richtig in Schwung gekommen ist, als er lernte, gebratenes Fleisch zu konsumieren. Das war gesünder als das rohe Fleisch, weil viele Bakterien dadurch abgestorben sind. Der Verzehr von gebratenem Fleisch hat also auch der menschlichen Entwicklung einen großen Push gebracht. Insofern ist die Vorstellung, dass man dann den Weg wieder zurückgeht und ganz auf Fleisch verzichtet, schwierig.

Und natürlich haben wir heute andere Möglichkeiten, um zum Beispiel einen Eiweißmangel zu kompensieren, aber davon sind eben viele Leute noch nicht überzeugt. Ich bin der Meinung, dass man den Konflikt entschärfen kann, wenn man als jüngerer Vegetarier versucht, vom hohen Ross der Ermahnung gegenüber den Eltern herunterzukommen. Die jungen Menschen müssen versuchen, die Gewohnheiten und Prägungen der Eltern in der Küche zu verstehen. Auf der anderen Seite müssen natürlich auch Ältere und Eltern den jahrelangen bedenkenlosen Fleischkonsum hinterfragen, wegen des Tierwohls, des Klimas und auch der eigenen Gesundheit. Also nicht jeden Tag Fleisch essen, und wenn, dann möglichst »gutes« Fleisch aus biologischer Aufzucht.

Angelika: Alle, wie sie können.

Daniel: Jeder, wie er kann. Klar, nach seinem eigenen Geldbeutel. Insofern wäre das vielleicht eine Möglichkeit, auf die man sich verständigen könnte.

KAPITEL 4

Gleichberechtigung – von Glasdecken, Quoten und Sexismus im Alltag

Während sich der Kampf um Gleichberechtigung durch alle Generationen zieht, bilden sich Unterschiede bei der Frage heraus, wie der Kampf ausgetragen wird und wo angesetzt werden soll. Die Zahl der Frauen in den Vorständen börsennotierter Unternehmen hat sich seit 2020 mehr als verdoppelt. Wie das Wirtschaftsprüfungsunternehmen EY mitteilte, waren Anfang 2024 128 Managerinnen in den Vorständen der 160 untersuchten Großfirmen vertreten. Noch im Januar 2020 waren es nur 59. Trotzdem sind Frauen weiterhin klar in der Minderheit – und verdienen nach wie vor weniger Geld als ihre männlichen Kollegen. Im Jahr 2023 lag der Gender Pay Gap in Deutschland bei 18 Prozent. Ähnlich wie beim Gender Pay Gap steigt auch der Gender Care Gap, also der geschlechtsspezifische Unterschied in der Aufteilung unbezahlter Sorgearbeit, in der Phase der Familiengründung stark an und ist in Deutschland im Vergleich zu anderen europäischen Ländern sehr hoch. Während sich vor der Geburt des ersten Kindes etwa die Hälfte der Paare die Hausarbeit annähernd gleich aufteilt, liegt dieser Anteil nach der Familiengründung um bis zu 27 Prozent niedriger. In der Gruppe der erwerbstätigen Personen im Alter von 35 bis 39 Jahren beträgt der Gender Care Gap laut einer Studie sogar über 100 Prozent.

Angelika: Ich glaube, bisher ist mir kein Thema in der Vorbereitung so schwergefallen wie dieses, aus dem einfachen Grund, dass ich als junge Feministin sehr viel zu sagen habe und nicht wusste, wo ich anfangen und wo ich in der Recherche aufhören soll. Ich bin wütend, dass Frauen Angst haben müssen, nachts allein nach Hause zu gehen, und dass sie schlechter bezahlt werden. Mich macht es wütend, dass in meinem Geschichts- und Politikstudium nahezu ausschließlich von Männern über Männer gesprochen wurde. Nur 0,5 Prozent der aufgezeichneten Menschheitsgeschichte handelt von Frauen.

Rousseau, Machiavelli und Co. wurden uns als die großen Vordenker unserer Demokratie vorgestellt – mit keinem Wort wurde erwähnt, dass Rousseau zu seiner Zeit behauptet hat, dass Frauen die Vernunft fehle, um Teil des öffentlichen Lebens zu sein, da sie »Gefangene ihrer sexuellen Leidenschaften« seien; dass Machiavelli darauf beharrte, dass »Frauen für die Diplomatie nicht geeignet« seien. Nicht nur das, eine Reihe von Männern machte sich die Werke ihrer Frauen zu eigen und wurde damit weltberühmt, wie zum Beispiel die Männer von Rosalind Franklin oder Lise Meitner. Das ist alles lange her, ja. Trotzdem dominieren bis heute vor allem weiße Männer die Politik und Wissenschaft und verfügen über die Deutungshoheit.

Daniel: Deine Aussagen sind sehr zugespitzt. Alles, was du sagst, stimmt mehr oder weniger, vielleicht nicht in jeder Ausprägung. Es stimmt, die Geschichte und die Geschichtsschreibung sind extrem männerdominiert, was aber daran liegt, dass es in den letzten Jahrhunderten und Jahrtausenden in der Regel die Männer waren, die Schlachten angeführt, Strategien entworfen und Herrschaft ausgeübt und damit am Ende die Geschichte geprägt haben. Frauen hatten viel begrenztere Möglichkeiten, Macht auszuüben und ein Bild in der Geschichte zu prägen. Es gibt natürlich Ausnahmen, von Frauen wie Kleopatra bis hin zu Zarin Katharina. Heute haben wir zum Glück eine andere Sicht auf die Dinge, weil Frauen endlich in die Positionen kommen, um selbst Geschichte schreiben zu können. Wir betrachten Geschichte nicht mehr aus einer althergebrachten männlichen Perspektive, der Fokus liegt nicht mehr auf dem Geschlecht der Person. Insofern ist die Kritik, dass Frauen nicht auftauchen, richtig – aber ich würde das schlicht als Beobachtung werten.

Trotzdem kann Gleichberechtigung aus zwei Blickwinkeln betrachtet werden: Denn auf der anderen Seite ist alles sehr viel besser geworden. Die sogenannten Glasdecken in Unternehmen werden dünner und verschwinden, der Anteil von Frauen in Führungspositionen nimmt beständig zu, das sehen wir auch in unserem Beruf, in den Medien, die früher reine Männerdomäne waren. Inzwischen sind sehr, sehr viele Frauen als Journalistinnen aktiv und besetzen Leitungspositionen. Klar, es gibt noch viel zu tun, aber ich würde vor allem den jungen Frauen ans Herz legen, auch mal ein paar Jahrzehnte zurückzublicken und zu erkennen, was sich in diesen wenigen Jahren alles getan hat, von der Bezahlung bis hin zu der Autonomie über den eigenen Körper. Frauen können sich heute viel leichter von ihren Ehemännern scheiden lassen, da früher beim Scheidungsrecht noch das Schuldprinzip galt. Es gibt eine Menge solcher Beispiele. Man sollte die Kritik, die du geäußert hast, zwar annehmen – aber nicht aus den Augen verlieren, dass in den meisten Bereichen eine Besserung in Sicht ist.

Angelika: Wir werden in ein paar Jahren sehen, wer es in die Geschichts- und Schulbücher geschafft hat. Das klingt mir ein wenig zu optimistisch. Und es sind eben nicht nur Zarin Katharina und Kleopatra, die Geschichte geschrieben haben. Von vielen Frauen, die Großes geleistet haben, wissen wir gar nichts, weil wenig über sie überliefert wurde oder ihnen nicht die gebührende Aufmerksamkeit gegeben wird.

Es ist nichts Neues, dass ältere Generationen ihre Errungenschaften der Vergangenheit loben. Dinge wie der Ausbau von Kitaplätzen oder die Elternzeit für Männer sind natürlich bemerkenswerte Fortschritte. Trotzdem reichen die Kitaplätze noch längst nicht aus und sind nicht zugänglich für alle, außerdem nehmen die meisten Väter gerade mal zwei Monate ihrer Elternzeit in Anspruch. Der Blick zurück wird uns nicht weiterbringen. Wir sind noch weit von einer gleichberechtigten Gesellschaft entfernt. Meiner Meinung nach ist das einer der Knackpunkte, die diese Debatte auch zu einem Generationenkonflikt machen: dass die Forderungen junger Feminist*innen von älteren Generationen oft für übertrieben gehalten werden wie auch schon bei Fragen des Klimawandels. Stimmen von Frauen und anderen marginalisierten Gruppen werden von euch häufig als Aktivismus abgetan.

Daniel: Frauen sind keine marginalisierte Gruppe, da muss ich Einspruch erheben. Frauen bilden die Hälfte der Gesellschaft ab.

Angelika: Marginalisierung betrifft nicht nur Minderheiten. Marginalisierung liegt auch dann vor, wenn eine Personengruppe in ihren Möglichkeiten eingeschränkt ist. Und das sind Frauen allemal, zum Beispiel wenn sie Kinder bekommen; oder einen Schwangerschaftsabbruch durchführen wollen.

Daniel: Über die Jahre ist alles rund um den Paragrafen 218 sehr liberalisiert worden, im Prinzip kann heute, rechtlich gesehen, ohne größere Probleme ein Schwangerschaftsabbruch durchgeführt werden.

Angelika: In der Theorie, ja. Frauen wird aber immer noch nicht zugetraut, bei einem Schwangerschaftsabbruch über ihren eigenen Körper zu entscheiden. Mit verpflichtenden Beratungen wird ihnen die Fähigkeit, eine eigene Entscheidung zu treffen, abgesprochen.

Daniel: Ich finde nicht, dass die Pflicht zu einer Beratung die eigene Entscheidung untergräbt. Am Ende liegt die Entscheidung immer noch bei der Frau, sie wird lediglich über ihre Möglichkeiten aufgeklärt, falls sie sich doch dazu entscheidet, das Kind zu bekommen. Die Beratungen sind keine Gewissensprüfung, sondern pragmatische und unvoreingenommene Gespräche von sehr unterschiedlichen Leuten in aller Regel. Deine Behauptung, die Beratung führe dazu, dass man nicht mehr selbstständig entscheiden kann, teile ich nicht.

Angelika: Ich habe nicht gesagt, dass eine Frau durch eine Beratung nicht selbstständig entscheiden kann, sondern dass mit der Pflicht zur Beratung vorausgesetzt wird, dass sie es nicht kann. Und die meisten Frauen haben sich schon vor der Beratung entschieden, was schon schwer genug ist, und müssen dann noch einen weiteren Schritt gehen, der psychisch anstrengend ist. Die Probleme reichen weiter als nur bis zur Konfliktberatung, es bieten noch immer viel zu wenige Praxen und Kliniken Abtreibungen an, Frauen müssen teilweise Hunderte Kilometer fahren, um eine Praxis zu finden, die so einen Eingriff vornimmt. Vor allem für junge Frauen ist es schwer, initial an diese Hilfe zu kommen, zum Beispiel wenn sie aus finanziellen Gründen nicht so weit reisen können.

Daniel: Viele der Schwangeren sind junge Frauen, die vielleicht froh sind, wenn sie mit jemandem darüber sprechen können, vor allem wenn ihnen der Partner fehlt.

Angelika: Auf jeden Fall, ich will auch gar nicht sagen, dass diese Beratungsstellen abgeschafft werden sollen, der Zugang sollte in jedem Fall erhalten bleiben. Das Gespräch verpflichtend zu machen und dann noch drei Tage Bedenkzeit, halte ich für falsch.

Aber was ist mit den Frauen, die sich dafür entscheiden, ein Kind zu bekommen? Ich würde gern über den Gender Care Gap, also den Unterschied zwischen dem Zeitaufwand für unbezahlte Sorgetätigkeiten von Frauen und Männern, sprechen. Nehmen wir beispielsweise die väterliche Elternzeit. Ich habe das Gefühl, dass viele Männer schief angeschaut werden, wenn sie ihre zwei Monate in Anspruch nehmen.

Daniel: Ich habe einen anderen Eindruck gewonnen. Aber das ist natürlich eine Frage rein anekdotischer Evidenz. Ich glaube schon, dass insgesamt die Möglichkeit für Männer, die Elternzeit zu nutzen, nicht mehr so kritisch betrachtet wird. Das Problem ist eher, wenn sie im Job gerade ein wichtiges Projekt für eine Position angenommen haben und sich dann wieder verabschieden. Das löst natürlich immer ein bisschen Missfallen aus. Trotzdem denke ich, dass ein Mann generell dafür respektiert wird, wenn er sagt, er kümmert sich jetzt ums Kind.

Ich habe zwei Kinder, meine Ex-Frau war auch berufstätig, und wir haben natürlich auch damals darüber gesprochen, wer die Kinder erzieht. Wir haben das dann so aufgeteilt, dass meine Ex-Frau das gemacht hat – aber nicht, weil sie musste, sondern weil sie wollte. Es war damals ihr ausdrücklicher Wunsch, gerade am Anfang ein paar Jahre mit ihren Kindern zu verbringen. Sie ist dann später wieder Vollzeit in ihren Beruf zurückgekehrt. Damit will ich sagen, dass, wenn Frauen sich um die Kinder kümmern, es nicht automatisch ein Zeichen für mangelnde Gleichberechtigung oder ein Beweis für eine mangelnde Emanzipation ist. Der sogenannte Care Gap entspringt nicht einer Benachteiligung, sondern einer Entscheidung, die auch von jungen Paaren selbstbestimmt getroffen wird. Dafür braucht es keine Regel.

Angelika: Natürlich wird die Entscheidung von vielen Paaren selbstbestimmt getroffen, und Frauen, die mit Kindern für eine gewisse Zeit zu Hause bleiben, sind auf keinen Fall der Beweis für mangelnde Emanzipation oder sonst was. Das ist eher ein Problem des aktuellen Feminismus, dass es in vielen Kreisen als »rückständig« gilt, wenn eine Frau sich aktiv für Sorgearbeit entscheidet. Umgekehrt wird eine Frau bis heute oft verurteilt, wenn sie ihr Leben nicht auf die Sorgearbeit ausrichtet. Dann heißt es: Wieso hat die Frau überhaupt ein Kind in die Welt gesetzt, wenn sie sich nicht darum kümmern will?

Wie du schon sagst: Ein Mann wird dafür respektiert, wenn er seine Elternzeit in Anspruch nimmt und zwei Monate zu Hause beim Kind bleibt. Übrigens geht nur jeder zehnte Vater länger als zwei Monate in Elternzeit. Bei einer Frau gilt das als selbstverständlich.

Die Ansicht, dass Frauen eine freie Wahl hätten, sich zwischen Karriere und Familie zu entscheiden, ist falsch. Das ist eine Ansicht, die uns neoliberale Stimmen eintrichtern wollen. Es geht vielmehr um die Rahmenbedingungen, die

Frauen dazu bewegen, zu Hause zu bleiben, beziehungsweise es ihnen schwerer machen, arbeiten zu gehen. Ich rede
jetzt nicht mehr nur über die Elternzeit des Mannes, es geht
auch darum, dass viele Männer ökonomisch besser aufge-
stellt sind und die Entscheidung, wer weiter arbeiten geht,
damit schon gefällt ist. Der Gender Care Gap führt zu wirtschaftlichen Nachteilen der Frau. Durch die geringere Le-
bensarbeitszeit und die sogenannte Teilzeitfalle und das
niedrigere Einkommen, das daraus folgt, können Frauen viel
schlechter als Männer für ihr Alter vorsorgen und rutschen
entweder irgendwann in die Altersarmut, die bei Frauen entsprechend höher ist als bei Männern, oder in die finanzielle
Abhängigkeit von ihren Männern. Außerdem stellen viele
Unternehmen lieber Männer ein, weil Frauen diejenigen
sind, die Kinder bekommen und dann eben zwangsläufig
irgendwann für eine bestimme Zeit wegfallen.

Daniel: In der Generation Z ist es seltener, dass der Mann
Hauptverdiener ist. Du bedienst dich hier an einem Klischee
aus der Boomer-Generation, welches du auf heutige Paare
überträgst. Zwei junge Berufsanfänger sind heute in der Regel gleich bezahlt, wenn sie den gleichen Beruf ausüben.

Angelika: Sind sie eben nicht, der Gender Pay Gap ist
auch in der Gen Z Realität und wird sich noch viel stärker
zeigen, sobald wir alle auf dem Arbeitsmarkt sind.

In vielen Partnerschaften gehen beide Elternteile arbeiten. Wenn nicht gerade die Großeltern auf das Kind aufpassen oder die Kinder den ganzen Tag in die Kita können,
wird diese Freiheit für privilegierte Frauen wie beispielsweise Frauen aus Akademikerbeziehungen häufig erkauft:
mit Babysitter*innen und Reinigungskräften. Ann-Kristin
Tlusty hat das in ihrem Buch *Süß* gut auf den Punkt gebracht.

Sie erklärt, dass Gleichberechtigung dann auf Kosten anderer beruht und Care-Arbeit auf diese Weise nicht zwischen den Geschlechtern, sondern zwischen Frauen verteilt wird. Von oben herab.

Daniel: Ich weiß nicht, ob diese Vermutung empirisch haltbar ist. Das würde ja bedeuten, dass alle Frauen, die nur über ein durchschnittliches oder weniger durchschnittliches Gehalt verfügen, also die große Masse der Frauen, zu Hause bleiben müssen, weil sie sich die Berufstätigkeit nicht leisten können. Ich halte das, vorsichtig gesagt, für eine recht kühne These.

Angelika: Die bleiben vielleicht nicht gänzlich zu Hause, aber es gibt Unterschiede: Zunächst einmal ist es für Schlechtverdienende und für Menschen mit Migrationshintergrund grundsätzlich schwieriger, einen Betreuungsplatz zu finden. Das Bundesinstitut für Bevölkerungsforschung fand 2020 außerdem heraus, dass 54 Prozent der Frauen mit Hochschulabschluss etwa ein Jahr nach der Geburt des Kindes wieder arbeiten gehen, während es bei Frauen mit anderem Bildungsabschluss nur 33 Prozent sind.

Daniel: Was mich stört, ist die Tatsache, dass viele deiner Kritikpunkte Dinge sind, die in der Entscheidungsgewalt der Paare liegen. Es geht um private Entscheidungen von Menschen: Das betrifft die Frage, ob eine Frau nach einer Geburt eine Zeit lang zu Hause bleibt oder eben nicht. Da stehen natürlich einige Rahmenbedingungen dahinter, allerdings sind die in den letzten Jahren deutlich besser geworden. Es gibt in der Regel genug Kitaplätze oder die Möglichkeit, sich die Erziehung zwischen Vater und Mutter aufzuteilen. Der Vater könnte zum Beispiel eine Zeit lang Urlaub nehmen und nach einem Jahr wieder in seinen Beruf einsteigen. Es hat auch emotionale Gründe, dass Frauen, wenn sie ein Kind bekommen, erst mal gern Zeit mit ihrem Kind verbringen. Wenn wir in einen Beruf einsteigen, arbeiten wir vierzig Jahre, was sind dann ein oder zwei Jahre, die Frauen mit ihrem neugeborenen Kind verbringen und nicht arbeiten?

Angelika: Verstehe, und wieso könnte man das nicht auch als Mann sagen? Man sollte vielleicht hinterfragen, wo das herkommt. Ich denke, es ist eine Frage der Sozialisierung. So wurde es jahrhundertelang gemacht, es ist in unseren Köpfen verankert. Ich kann mir einfach nicht vorstellen, dass alle Frauen, die nach der Geburt ihres Kindes ihr Berufsleben auf Eis gelegt haben, das freiwillig gemacht haben. Da kommen soziale, ökonomische und mit Sicherheit auch psychologische Punkte zusammen.

Klar wissen wir noch nicht, wie das bei der Gen Z sein wird, die ja quasi gerade erst anfängt, Kinder zu bekommen. Aber ich kann mir nicht vorstellen, dass Sorgearbeit jetzt auf einmal komplett ausgeglichen verteilt wird. Und ich will noch mal klarstellen: Ich bin absolut dagegen, allgemein zu sagen: Frauen, geht arbeiten! Mir ist es nur wichtig, dass Frauen, die wirklich arbeiten gehen wollen, die gleichen Chancen dazu haben wie Männer auch. Und wenn sie zu Hause bleiben wollen, ist das auch schön. Es geht um die Chancengleichheit, von der wir, meiner Meinung nach, noch meilenweit entfernt sind. Hier ist es auch an der Politik, diese Chancengleichheit zu fördern, zum Beispiel durch bessere und mehr Betreuungsmöglichkeiten und eine Reform der Ehegattenbesteuerung. Das Ehegattensplitting führt dazu, dass viele Frauen keinen finanziellen Anreiz haben, mehr arbeiten zu gehen. Zusätzlich sollten mehr Anreize geschaffen werden, um die Elternzeit gleichmäßig aufzuteilen.

Daniel: Man kann sich immer mehr wünschen, aber da der Staat nicht anordnen kann, dass Frauen arbeiten gehen und Männer zu Hause bleiben müssen, bleibt es am Ende bei der privaten Entscheidung eines jeden einzelnen Paares. Die Bedingungen haben sich in den letzten Jahren massiv verbessert. Versteh mich nicht falsch, es geht immer noch besser. Wir sind auf einem guten Weg, und ich denke, dass dieses Thema kein Anlass für einen Konflikt ist, geschweige denn einen Generationenkonflikt. Frauen der Boomer-Generation hatten es sehr viel schwerer, Beruf und Kinder unter einen Hut zu bringen, dieses Thema zieht sich seit Jahrzehnten durch die Debatten der Eltern. Frauen wurden früher schief angeguckt, wenn sie in einen oft so bezeichneten »Schwangerschaftsurlaub« gingen. Klar können einige Dinge noch etwas günstiger werden, ich habe aber den Eindruck, dass viel Kritik von feministischer Seite um der Kritik willen geäußert wird, weil es euch noch nicht perfekt genug ist. Ihr habt es heute viel leichter, als es noch zu unserer Zeit war. Das wird heute nicht nur nicht anerkannt, sondern nicht mal zur Kenntnis genommen.

Angelika: Also findest du, dass Männer und Frauen in Deutschland gleichberechtigt sind?

Daniel: Was ist der Referenzpunkt dieses Vergleichs? Verglichen zu früher, kann man von einer Gleichberechtigung reden. Schaut man aber, was noch möglich wäre, gibt es natürlich noch deutlich Luft nach oben, ob im Beruf oder in der Bezahlung. Mich macht es aber betroffen, dass wir Boomer so oft kritisiert werden. Gleichberechtigung war schon immer ein Thema, und die Boomer, vor allem die weiblichen

Boomer, haben viel mehr für Gleichberechtigung gekämpft als einige laute Stimmen aus der Gen Z, die meinen, sie müssten Gleichberechtigung als Kampfthema vorantreiben.

Angelika: Natürlich kann die Generation Z Gleichberechtigung nicht für sich beanspruchen, wir sind ganz bestimmt nicht die einzige Generation, die sich dafür einsetzt. Dieses Thema hat bereits viele Generationen vor uns beschäftigt, und viele Menschen kämpfen seit Jahrzehnten für Feminismus, denken wir zum Beispiel an die Achtundsechzigerbewegung. Trotzdem sind Gleichberechtigung und Feminismus zwei große Aspekte in der Gen Z, weil wir noch längst nicht an dem Punkt sind, an dem wir sein wollen, und es vor allem an uns liegt, die Zukunft zu gestalten. Insbesondere weil nicht die gesamte Generation mit Feminismus sympathisiert – sonst könnten wir uns zurücklehnen und darauf warten, dass wir die Führungspositionen in Unternehmen übernehmen und aktiv Politik gestalten. Wie hast du denn das Thema Feminismus in deinen Zwanzigern erlebt?

Daniel: Es war viel schwieriger für Frauen und Männer. Ich kenne Frauen in meinem Alter, die, als sie Kinder bekamen, im Job zunächst Ärger bekamen, weil sie schwanger waren, und als sie zurückkehren wollten, hatten sie mit vielen Hindernissen zu kämpfen. Bei der Frage nach einer Halbtagsstelle hieß es dann, wieso sie überhaupt noch arbeiten gehen wollten, wenn sie verheiratet waren. Das Mindset war ganz anders und der Kampf um kleine Fortschritte viel härter als der heutige Kampf auf einem Plateau bereits erreichter Fortschritte und vor allen Dingen einer gewachsenen gesellschaftlichen Akzeptanz, dass Beruf und Familie zwischen den Partnern möglichst gleich aufgeteilt werden.

Angelika: Das stelle ich mir wirklich schwer vor, wenn ich so was höre, bin ich froh, dass wir nicht ganz bei null anfangen müssen.

Die ungleiche Behandlung im Beruf setzt aber nicht erst mit einer Schwangerschaft ein. Ich glaube, viele Frauen wissen, wovon ich rede, wenn ich sage, dass ich im Job in einem Kreis männlicher Kollegen in der Regel nicht als Erste auf fachliche Themen angesprochen werde. Das war bisher in jedem Job so, den ich gemacht habe. Meinen männlichen Kollegen wurde automatisch immer mehr Expertise zugetraut. »Mansplaining«, also das ungefragte Erklären von Sachverhalten eines Mannes gegenüber einer Frau, ist aus dem Berufsalltag nicht wegzudenken. Wir Frauen bekommen »gut gemeinte« Ratschläge, wie wir unsere Arbeit verbessern könnten. Und um das Ganze abzurunden, werden wir im Schnitt für dieselbe Arbeit schlechter bezahlt.

Daniel: Dass junge Frauen, gerade Berufseinsteigerinnen, oft nicht gleich beachtet werden wie ältere Kolleginnen und Kollegen, kann sein, hat aber weniger mit mangelnder Gleichberechtigung zu tun als mehr mit einem Senioritätsprinzip. Das geht nicht nur von Männern aus. Ältere Kollegen haben im Zweifel einfach mehr Erfahrung und ergreifen bei Themen zuerst das Wort, und sie haben oft eine andere Stellung innerhalb eines Unternehmens. Es gibt da den Vorrang der Älteren und Erfahreneren. Und dass junge Frauen dann weniger wahrgenommen werden, ist vielleicht der Fall, aber keine Frage mangelnder Gleichberechtigung, sondern eine Frage des Alters und der Erfahrung und daraus folgender Akzeptanz. Wenn du auch mal zehn Jahre im Beruf bist, wirst du selbstverständlicher dein Wort erheben, und dir wird mehr zugehört werden. Mit gewachsener Erfahrung und der Seniorität verbindet sich auch die Bereitschaft zur Beachtung.

Angelika: Ich will weder auf Seniorität noch Erfahrung hinaus, sondern auf die Fachexpertise, die eher bei Männern erwartet wird, auch wenn diese genauso alt und erfahren scheinen wie ich. Außerdem ist viel verloren, wenn jungen Kolleg*innen nicht dieselbe Aufmerksamkeit geschenkt wird wie älteren. Klar ist es auch immer mal wieder hilfreich, ältere Kolleg*innen um Rat zu fragen und von ihnen zu lernen; sich als Dienstälteste als etwas Besseres zu fühlen, verstehe ich aber nicht. Ich glaube eher, dass viele Männer dieses Verhalten so internalisiert haben, dass sie es gar nicht mehr realisieren und sich nicht unbedingt reflektieren.

Vielleicht sollten wir aber auch noch über Sexismus am Arbeitsplatz sprechen. Im Zusammenhang mit der MeToo-Bewegung hat das Thema 2017 ja viel Aufmerksamkeit erhalten. Die MeToo-Bewegung war ein extrem wichtiger Meilenstein für Frauen, viele Menschen sind dadurch für dieses Thema sensibilisiert worden. Es stellte sich die Frage, wie schmal der Grat zwischen einem Flirt und Sexismus ist, vor allem im Berufsleben. Ich habe zum Glück noch keine schlimmen Erfahrungen machen müssen. Ich finde es aber schon kritisch, wenn bestimmte Kollegen ein Kompliment fürs Aussehen machen, da kommen Machtverhältnisse und Abhängigkeiten ins Spiel, und es bleibt ein bitterer Beigeschmack. Mein Geschlecht und mein Aussehen haben nichts damit zu tun, was ich bei der Arbeit leiste.

Ich war mal mit jemandem von einem anderen Magazin auf Pressereise, der mir nach einer gemeinsamen Woche eine unangenehme E-Mail geschrieben hat. Er hat mir Fotos von mir mitgeschickt und fand es »süß, mit einer hübschen Lady zu reisen«. So banal diese Mail für einige klingen mag, er hätte das niemals einem Mann geschrieben und hat mir damit gezeigt, dass ich für ihn nicht auf Augenhöhe bin. Er hätte mir doch auch ein Kompliment für meine Arbeit machen können.

Daniel: Ich gebe dir recht. Für viele Männer war die MeToo-Bewegung wahrscheinlich segensreich im Sinne von wachsender Selbsterkenntnis. Wir Boomer-Männer haben das Flirten von unseren Vätern gelernt, da herrschten noch andere Sitten. Da machte man Frauen als ersten Schritt Komplimente, das galt als Teil einer höflichen Konversation. Komplimente machen war fester Bestandteil der männlichen Sozialisation: Das gehörte genauso dazu, wie einer Frau die Tür aufzuhalten oder die Rechnung im Restaurant zu bezahlen.

Dein Beispiel zeigt, dass es richtig ist, dass das heutzutage hinterfragt wird. Ich glaube, dass die männliche Fähigkeit, einzuschätzen, ob ich als Mann einfach freundlich bin oder eine Frau in irgendeiner Weise belästige, nicht sehr hoch ist; viele Männer können das immer noch nicht richtig einordnen. Insofern würde ich ebenfalls sagen, dass Flirts nicht ins Büro gehören. Und man sollte vermeintliche Annäherungsversuche ebenso unterlassen wie den Versuch, sich einer Kollegin als charmanter Mann zu präsentieren. Rund um den Skandal des *Bild*-Chefredakteurs haben wir gesehen, wie weit subtiler Machtmissbrauch in den Medien führen kann. Aber in anderen Unternehmen gibt es das ja auch. Es gibt allerdings Fälle, in denen ein Sexismus-Vorwurf gerade von Frauen als Waffe eingesetzt wird, um missliebigen Kollegen zu schaden und Chefs in Verruf zu bringen, so was habe ich auch schon bei einem Kollegen erlebt. Da muss man eben aufpassen.

Das alles führt aber auch dazu, dass die Atmosphäre zwischen Männern und Frauen in vielen Unternehmen deutlich angespannter ist als früher. Gerade auch als älterer Mann denkt man sich, dass man besser nur mit Scheuklappen an den Kolleginnen vorbeigehen sollte, damit einem danach niemand einen Vorwurf macht, dass man sie falsch angeguckt hat. Ich kenne Kollegen, die wieder aus dem Aufzug aussteigen, wenn drei junge Frauen einsteigen, weil sie fürchten, eine würde dann Blödsinn erzählen. Das alles hat eine gewisse Verkrampfung mit sich gebracht, die sich aber aus einer jahrelangen Belästigungspraxis durch männliche Kollegen und vor allem Vorgesetzte erklärt.

Trotzdem ist es häufig immer noch so, dass sich Paare innerhalb von Unternehmen finden. Und da muss immer eine oder einer den ersten Schritt gehen. Es muss aber klar sein, dass beide es wollen. Wenn man jemanden nett findet, kann man es auch außerhalb des Büros versuchen.

Angelika: Ich bin mir sicher, dass es deutlich wird, wenn das Interesse auf beiden Seiten besteht. Menschen verbringen so viel Zeit am Arbeitsplatz, arbeiten gemeinsam an Projekten, machen zusammen Mittagspause, fahren auf Dienstreise – natürlich ergibt sich da die eine oder andere Beziehung. Es geht darum, dass Grenzen eines respektvollen Umgangs nicht überschritten werden dürfen.

Daniel: Mehr als jedes zehnte Paar lernt sich im beruflichen Zusammenhang kennen. Und natürlich ist da irgendwann mal ein Kompliment gefallen, oder man wurde nett angelächelt und hat sich in dem Fall angesprochen und nicht abgestoßen gefühlt. Ich bin selbst mit einer ehemaligen

Journalisten-Kollegin verheiratet, wobei sich unsere Partnerschaft aus guten Gründen erst ergeben hat, als wir nicht mehr in der gleichen Redaktion tätig waren. Das müssen die Menschen aber selbst wissen. Prinzipiell ist es wichtig zu erkennen, dass der Beruf ein Umfeld ist, in dem respektvoll und freundlich miteinander umgegangen wird; und zu erkennen, dass zu Freundlichkeit nicht unbedingt gehört, der Kollegin ein Kompliment über ihren Lippenstift oder ihre Kleidung zu machen. Das ist deplatziert, und es ist gut, dass einige Verhaltensweisen der früheren Silberrücken in den Firmen heute nicht mehr akzeptiert werden.

Angelika: Ich will nicht die komplette Kultur der Komplimente abschaffen. Ich finde es schön, wenn man nett zueinander ist und nette Worte füreinander findet. Es hängt viel von der Situation und dem Machtgefälle ab, ob und wenn ja, welches Kompliment gerade angebracht ist. Ein Kompliment kann tatsächlich nur ein Kompliment sein, vor allem wenn zwei Menschen auf Augenhöhe sind. Es ist nicht mehr harmlos, wenn Macht und Hierarchien im Spiel sind. Der Arbeitsplatz sollte ein sicherer Ort sein für Frauen, nirgendwo sonst verbringt man so viel Zeit.

Um beim Thema zu bleiben: Was hältst du eigentlich von der Frauenquote in Dax-Vorständen?

Daniel: Grundsätzlich glaube ich schon, dass wir in den Vorständen deutscher Unternehmen die gleiche Anzahl Frauen und Männer haben sollten, und finde es wichtig, dass Organisationen auf eine paritätische Besetzung oder zumindest einen festen Anteil von Frauen achten. Dafür sollten feste Ziele formuliert werden und bei Nichterreichen dieser Ziele Konsequenzen drohen. Aber ich bin auch pragmatisch veranlagt: Ein Großteil derer, die Ingenieurwissenschaften und technische Berufe studieren, sind immer noch Männer. In den meisten Vorständen ist so ein Hintergrund essenziell, und es muss die Person gefunden werden, die am besten geeignet ist. Das macht die Auswahl unter Frauen viel kleiner.

Es gibt Bereiche, in denen eine Quote viel einfacher umzusetzen ist, zum Beispiel in Immobilienunternehmen, in der Medizin- und Pharmabranche, in Versicherungen oder eben im Journalismus. Das sind Berufe, in denen traditionell mehr Frauen vertreten sind als in rein technischen Berufen und bei denen die Chefinnen und Chefs eine Auswahl unter den Bewerberinnen haben.

Angelika: ... genau, Frauen finden sich mehrheitlich immer in den Berufen, in denen weniger verdient wird. Schlimmer noch: Je mehr Frauen in eine Branche einziehen, desto stärker sinkt das Gehaltslevel, wie man bei den Ärzt*innen sehr gut sehen konnte ...

Daniel: Aufgrund des Fachkräftemangels habe ich jedenfalls ein gewisses Verständnis dafür, dass es aus einigen Ecken Widerstand gegen die Quote gab, gerade aus der technischen Industrie, wo um jeden Mitarbeitenden gekämpft werden muss. Also: Ja zur Quote, aber immer mit einer pragmatischen Hintertür, wenn es Probleme gibt, die richtigen Leute für Schlüsselpositionen zu bekommen.

Interessanterweise kam der Widerstand gegen die Quote aber vor allem aus den Reihen der Frauen, die damit argumentieren, dass sie ihre Karriere ohne eine Quote machen und keine »Quotenfrau« sein wollen. Dieses Argument hört man auch häufig in der Politik, wo ebenfalls viel über Quotierung gesprochen wird, weil sich immer weniger Frauen für politische Ämter finden. Man sollte der Frauenquote noch ein bisschen Zeit geben, um die passenden Frauen für die Vorstandsposten zu finden. Das sind immerhin enorme Entscheidungen. Was hältst du von der Frauenquote?

Angelika: Es gibt diese AllBright-Studie, die witzig wäre, wenn es nicht gleichzeitig zum Heulen wäre: 2017 hießen in den deutschen Vorständen mehr Männer Thomas, als es Frauen insgesamt gab. Das Vorurteil, das du eben nanntest, dass es einfach nicht genug qualifizierte Frauen gibt, wurde von ebendieser Studie übrigens widerlegt, man nennt es den »Thomas-Kreislauf«, der impliziert, dass Männer die Macht unter sich verteilen und dazu tendieren, einen Nachfolger einzustellen, der nicht nur genauso heißt, sondern meist auch denselben Karriereweg gegangen ist. Es wird also häufig nicht nach Qualifizierung, sondern nach Kontakten entschieden. Unternehmen setzen sich nicht freiwillig für eine paritätische Besetzung ein, sonst wären solche Quoten überflüssig. Übrigens gibt es auch schon erste Erfolge: Die Stiftung hat im September 2023 zusammengefasst, dass es durch die Quote nun erstmals weniger börsennotierte Unternehmen mit rein männlich besetzten Vorständen als Unternehmen mit Frauen im Vorstand gibt. Die Zahlen sind dennoch weiterhin niederschmetternd, der Frauenanteil liegt aktuell immer noch bei rund 19 Prozent. Bis dieser Missstand behoben ist, wird es Quoten brauchen.

Trotzdem ist es Fakt, dass es einen Mangel an Frauen in MINT-Berufen gibt, das zeigen Zahlen seit Langem. Das Problem fängt allerdings nicht erst in den Jobs an, sondern schon in der Schule und im Studium. Das hat viele Gründe: Die Stereotypisierung von MINT als Männer-Branche, die hohe Anzahl von Männern im Beruf und im Hörsaal, die einschüchternd wirken kann, die mangelnde Förderung und falsche Selbsteinschätzung der eigenen Fähigkeiten von jungen Mädchen und Frauen. Die Universität Bremen hat als Maßnahme sogar einen Informatikstudiengang nur für Frauen eingeführt, der hohen Anklang findet.

Du hast gerade von der Quote in der Politik gesprochen. Wie sieht es eigentlich bei den Parteien aus? Hat die CDU nicht kürzlich eine Frauenquote eingeführt?

Daniel: Ja, im Jahr 2023, die hat bisher aber nicht viel gebracht. Friedrich Merz war zunächst vorsichtig, weil auch hier die Gefahr besteht, dass in einer Kommune zehn engagierte Männer sind, sich aber keine Frau beteiligt. Das kann zu praktischen Problemen führen. Merz hat sich am Ende trotzdem überzeugen lassen, weil er erkannt hat, dass das Ergebnis ohne Quote nicht gut genug ist. Der Frauenanteil war allen Appellen zum Trotz noch viel zu klein. Das brachte ihm Anerkennung über Parteigrenzen hinaus.

Was ich jedoch nicht verstehe, sind Quoten bei Beförderungen, wie es einige Unternehmen handhaben. Da gilt dann die Begründung, Frauen hätten einen Nachholbedarf, der eben durch Quoten erreicht werden soll. Objektiv betrachtet verbraucht sich das Argument mit jedem Jahr ein bisschen, jetzt, da immer mehr Frauen in die Leitungspositionen kommen. Es kann also nicht sein, dass Frauen ein Vorrecht auf Beförderung haben. Bei einer Beförderung sollte es auf Leistung, Leistungsbereitschaft und auf Qualifikation und Erfahrungen im Unternehmen ankommen, und nicht darauf, welches Geschlecht jemand hat. Beförderungen müssen durch fleißige Arbeit verdient werden und sollten kein Gegenstand von frauenrechtlichen Betrachtungen sein.

Angelika: Diese Debatte rührt wahrscheinlich daher, dass Frauen, statistisch gesehen, seltener befördert werden als Männer. Laut einer Analyse des Instituts für Arbeitsmarkt- und Berufsforschung der Bundesagentur für Arbeit liegt die Wahrscheinlichkeit einer Frau, in die obere Chefetage befördert zu werden, bei 25 Prozent. Das hat viele Hintergründe; zum Beispiel gehen Frauen häufiger als Männer Tätigkeiten mit einem niedrigeren Anforderungsniveau nach. Ich kann mir auch vorstellen, dass die Hürden für Frauen, eine Beförderung anzunehmen, viel größer sind, wenn sie zum Beispiel Mütter sind und eben nicht die Kapazitäten haben, noch mehr Zeit in ihren Job zu investieren. Ob eine Quote an dieser Stelle Abhilfe schaffen kann? Ich weiß es nicht.

Vielleicht bewegen wir uns mal weg von dem ganzen Komplex Arbeit. Es gibt nämlich doch noch einen großen Generationenkonflikt in der Gleichberechtigung: und zwar den zwischen alten und jungen Feministinnen, oder besser gesagt, der ersten und zweiten Strömung des Feminismus. Zwischen uns und Feministinnen wie Alice Schwarzer.

Daniel: Der berühmte Schwesternstreit.

Angelika: Vielleicht kann man das so nennen, ja. Jedenfalls gibt es da mehrere Aspekte, die heute anders betrachtet werden. Feminismus nach *Emma* und Alice Schwarzer ist sehr weiß. Das ist leider ein Punkt, den wir immer noch nicht durchbrochen haben, der aber eine größere Bühne bekommt und mittlerweile durch viele tolle Feministinnen in den Vordergrund gerückt wird. Wenn in gesellschaftlichen Debatten über Frauen gesprochen wird, dann geht es meist um eine bestimmte Frau, wie Sibel Schick in ihrem Buch *Weißen Feminismus canceln* schreibt: »Sie ist christlich sozialisiert, akademisiert und cisgeschlechtlich; hat weder eine Behinderung noch eine Erkrankung und sie ist definitiv nicht arm«* – und sie ist weiß. Weißer Feminismus betrachtet Diskriminierung also nur auf Grundlage des Geschlechts. Feminismus muss aber intersektoral gedacht und betrachtet werden. Eine Woman of Colour macht andere Diskriminierungserfahrungen als eine weiße Frau und diese andere als eine Frau mit Behinderung.

Außerdem sind heute viele ökonomische Aspekte in den Vordergrund gerückt, über die wir schon gesprochen haben.

Daniel: Für Frauen wie Alice Schwarzer ging es doch erst einmal darum, gegen die Benachteiligung der Frauen in ihrer unmittelbaren Umgebung zu kämpfen, also damals in Frankreich, wo Schwarzer die ersten Jahre verbracht hat, und dann in Deutschland. Dieser Kampf war schwer genug, sie konnten sich damals nicht auch noch um die Benachteiligung von Frauen mit anderer Hautfarbe oder mit Beeinträchtigungen kümmern. Wenn sie das alles auch noch versucht hätten, wären sie vermutlich nicht weit gekommen.

Und das ist auch das, was mich an deiner Argumentation so stört: Die ersten und übrigens sehr erfolgreichen Frauen, die für mehr Emanzipation gekämpft und auch gelitten haben, sind in euren Augen nur die privilegierten weißen Schwestern von gestern, und sie sind für euch superwoke Feministinnen heute nur noch eine Randerscheinung. Und warum? Weil sie sich nicht um die Probleme aller anderen benachteiligten Gruppen auf dieser Welt kümmern! Meine

---

* Sibel Schick, *Weißen Feminismus canceln. Warum unser Feminismus feministischer werden muss*, Fischer Verlag, Frankfurt am Main 2023, S. 9.

Güte! Ihr kritisiert, bewertet und verurteilt immer sehr schnell, aber wirklich erreicht habt ihr außer den vielen Anklagen noch nichts. Dabei beruhen alle Fortschritte in der Gleichberechtigung und alle Rechte, die ihr heute wie selbstverständlich in Anspruch nehmt, auf dem, was Frauen wie Alice Schwarzer und andere durchgekämpft haben.

Und noch eine Bemerkung: Ökonomische Argumente waren auch schon in den 1980ern ein Thema. Für euch ist das aktuell hoch relevant, weil in eurer Generation demnächst vielleicht Kinder anstehen. Das lässt euch glauben, dass dieses Thema euch besonders betreffen würde und alle anderen es noch nicht begriffen haben. Die Hürden, als Frau berufstätig zu sein, waren früher noch viel höher, es hat sich enorm viel getan. Angefangen von Kitaplätzen bis hin zu der Selbstverständlichkeit, dass man als Frau arbeiten geht trotz gut verdienendem Ehemann.

Angelika: Ich habe nicht gesagt, dass ihr es einfacher hattet, sondern dass wir einen besonderen Fokus auf ökonomische Missstände legen und uns lautstark über noch bestehende Missstände beschweren, im Gegensatz zu der Achtundsechziger-Bewegung. Außerdem gehen viele Frauen heute nicht nur aus ökonomischen Gründen arbeiten, sondern auch als Teil der Selbstverwirklichung und gesellschaftlichen Teilhabe.

Ich war aber noch nicht fertig damit, die Unterschiede zwischen der ersten und zweiten Strömung im Feminismus aufzuzählen. Hinzu kommt noch die Frage nach dem sozialen und biologischen Geschlecht, welches in den letzten Jahren fluider geworden ist. Alice Schwarzer fällt der neuen Strömung durch Aussagen wie »Transsein ist Mode« negativ auf. Als problematisch sehe ich auch, dass sie sich immer wieder islamophober Grundsätze bedient, sie beansprucht eine Deutungshoheit in vielen Fragen migrantischen Lebens. Sie urteilt damit über Menschen und Leben, über die sie nicht Bescheid weiß, und will Frauen mit Migrationshintergrund aus irgendwelchen Fesseln befreien, die sie ihnen selbst auferlegt.

Daniel: Ich finde, das ist ein sehr schwieriges Argument. Ihr jungen Leute führt Kämpfe aufgrund von Benachteiligung in aller Herren Länder, und ihr maßt euch an, über kulturelle Aneignung und all diese Dinge zu urteilen. Die Wortführerinnen im Feminismus hier sind in der Regel aber keine Frauen, die Kopftücher tragen. Ich verstehe nicht, warum die religiös begründete Benachteiligung von Frauen im islamischen Kulturkreis gerade von sonst sehr kritischen Feministinnen mit dem kulturellen Argument gerechtfertigt und auch verharmlost wird.

Angelika: Genau solche Aussagen sind problematisch. Sie setzen voraus, dass der Islam von Grund auf frauenfeindlich ist. Ich leugne nicht, dass in manchen Ländern die patriarchalen Strukturen noch stärker sind als in Deutschland. Aber der Kern des Problems ist nicht der Islam, sondern das Patriarchat. Ich stehe außerdem nicht in der Position, für muslimische Frauen zu sprechen, genauso wenig wie Alice Schwarzer. Es gibt muslimischen Feminismus, und ich müsste dich an dieser Stelle an andere Frauen verweisen.

Daniel: Im Koran ist festgeschrieben, dass Frauen unter den Männern stehen und dass sie weniger Rechte haben. Ich verstehe auch nicht, warum ihr es für machohaft haltet, wenn ein Mann einer Frau in den Mantel helfen will, ihr aber gleichzeitig die Augen verschließt vor der Tatsache, dass muslimische Frauen weitaus weniger Rechte haben als ihre

Männer. Ich fürchte, das ist eine sehr weit führende Debatte, die jetzt das Kapitel sprengen würde. Am Ende unseres Gesprächs müssen wir feststellen, dass wir bei dem Thema doch sehr unterschiedlich ticken – wie viele in unseren beiden Generationen.

Angelika: Okay, let's agree to disagree.

KAPITEL 5

Partnerschaft & Liebe –
achtsam, offen, aber unverbindlich?

Wie dominant ist der Wunsch, die »richtige« Person zu finden? Laut Studien ist eine feste Bindung bei den Babyboomern eher an der Tagesordnung als bei der Generation Z. Das war auch schon so, als die Babyboomer noch in ihren Zwanzigern waren. Auch die Art, wie Beziehungen geführt werden, ändert sich: Laut einer Umfrage glaubt jede zweite Person unter 30, dass offene Beziehungen in Zukunft häufiger werden – bei den Babyboomern sind es rund 20 Prozent. Jede und jeder vierte Erwachsene unter 30 soll schon mal eine Freundschaft plus gehabt haben. Der Wunsch nach Verbindlichkeit steigt dabei mit dem Alter: 23 Prozent der jungen Männer und 18 Prozent der jungen Frauen geben an, dass sie sich nur schwer festlegen können, weil es vielleicht noch eine*n besser passende*n Partner*in gibt. Bei den Boomern sind es 9 Prozent der Männer und 6 Prozent der Frauen.

Daniel: Es fällt mir schon etwas schwer, als älterer Mann mit einer jüngeren Frau über Partnerschaft und Liebe zu reden. Ich glaube, dass die Betrachtung dieses Themas sehr vom individuellen Alter abhängt und gar nicht so sehr von der Frage, welcher Generation man gerade angehört. Als die Boomer jünger waren, also Ende der Siebzigerjahre bis ungefähr Mitte der Neunzigerjahre, haben wir Partnerschaft und Liebe auch anders gesehen und gelebt als heute. Dieser Wandel und diese Änderung der Perspektive im Laufe des Lebens vollziehen sich meiner Einschätzung nach zu allen Zeiten und in allen Generationen.

Dennoch habe ich inzwischen den Eindruck, dass sich die Maßstäbe etwas verschoben haben. Ich denke schon, dass die heutige Generation unverbindlicher ist, als wir das zu unserer Jugendzeit waren. Der Wunsch, nach einer Phase des Ausprobierens, der Freiheit und der Ungebundenheit irgendwann doch eine feste Bindung einzugehen oder gar eine Ehe, war in der Generation der Boomer eher an der Tagesordnung als der Wunsch, sein Leben lang ungebunden zu bleiben und sich alle Möglichkeiten der Liebe offenzuhalten. Heute sind Polyamorie, »Freundschaft Plus« und alternative Modelle von Partnerschaft mit mehr als zwei Menschen wesentlich häufiger. Der *Spiegel* hat Anfang 2024 sogar eine ganze Titelgeschichte dem Thema »neues Liebesleben« gewidmet. Trifft das zu? Hast du den Eindruck, dass diese Beobachtungen stimmen?

Angelika: Ich finde es auch recht schwierig, über dieses Thema zu reden, weil ich nicht weiß, ob man die Liebe nach Generationen einordnen kann. Ich habe mir dazu ein paar Studien angeschaut, und in jeder steht etwas anderes. Es kommt immer darauf an, wer befragt wird, und das macht es schwer, die Generation zu kategorisieren. Und ich habe den Eindruck, dass es in der Stadt oder in Metropolregionen freier und offener zugeht als auf dem Land, wo die Auswahl begrenzter und vielleicht auch das Denken konservativer ist.

Ich glaube aber, es ist richtig, dass Liebe und Partnerschaften in den vergangenen Jahren etwas vielfältiger geworden sind. Sind sie im Zuge dessen auch unverbindlicher geworden? Ich denke nicht, auch wenn man das gelegentlich suggeriert bekommt. Eine Sache war nämlich in den verschiedenen Studien doch gleich: Es ist meiner Generation trotzdem noch wichtig, die richtige Person zu finden. Aber wir lassen uns vielleicht mehr Zeit damit und haben bis dahin mehr Möglichkeiten, die jeweiligen Partner*innen und Beziehungen unterschiedlich zu labeln.

Aber vielleicht sprechen wir erst mal über den Weg des Kennenlernens, denn mich würde wirklich interessieren, wie ihr das damals gemacht habt. Wie lief Dating ab, als du in deinen Zwanzigern warst?

Daniel: Ganz anders! Als ich in meinen Zwanzigern war, Anfang der Achtzigerjahre, gab es das Internet noch nicht und damit auch nicht die Möglichkeit, das weltweite Netz für das Thema Liebe und Sex zu nutzen. Wir sind einfach in Kneipen gegangen, in Bars und Klubs, die früher noch »Diskotheken« hießen. Oder wir haben im Freundeskreis über »Möglichkeiten« gesprochen, zum Beispiel wenn man jemanden kannte, der gerade solo war oder sich getrennt hatte und offen für Neues war. Wir haben uns untereinander Tipps gegeben, nach dem Motto: Schau dir doch mal XY an, die ist neu in der Stadt ... Da lief einiges über Mund-zu-Mund-Propaganda. Und natürlich haben wir versucht, in der Schule, an der Uni oder bei der Arbeit und im Sportverein zu flirten und Bekanntschaften zu schließen. Man musste halt die Augen offen halten und im Fall der Fälle nicht zögern.

Angelika: Klingt anstrengend.

Daniel: Sicher, vor allem wenn man nach einigen Flirtversuchen am Ende doch einen Korb bekam. Aber die Anbahnung und das Kennenlernen, also das »Dating«, waren zugleich schön und spannend, weil es immer ohne Netz und doppelten Boden passierte. Wir haben ja direkt von Mensch zu Mensch agiert – ohne eine zwischengeschaltete anonyme Dating-App. Wenn wir jemanden kennenlernen wollten, waren wir gezwungen, uns dem anderen mit relativ offenem Visier zu nähern. Und das bringt mich zur Begründung meiner Beobachtung, dass die Empfindlichkeit junger Frauen gegenüber männlichen Annäherungsversuchen heute viel höher ist als die Empfindlichkeit der Frauen in meinem Alter. Die waren es nämlich seit ihrer Jugendzeit gewohnt, dass sie mehr oder weniger offen angeflirtet wurden, weil das nun mal der übliche, ja der einzige Weg war. Es gab ja keine andere Möglichkeit. Und wenn ich heute mit Frauen spreche, die eher in meinem Alter sind – zum Beispiel mit meinen beiden Schwestern oder mit vertrauten Freundinnen –, dann höre ich oft, dass sie sich wundern und fragen, warum sich die jungen Mädchen denn nicht freuen, wenn die Männer sie anschauen und attraktiv finden. Warum diese Abwehr? Ist es nicht schmeichelhaft für eine Frau, wenn sie Aufmerksamkeit und Interesse auf sich ziehen kann? Also, da gibt es schon unterschiedliche Empfindlichkeiten, die meiner Meinung nach aus den unterschiedlichen Erfahrungskulturen der Generationen stammen.

Angelika: Diese Diskussion kenne ich, die hatte ich auch schon mit älteren Frauen und Männern. Nicht alle fühlen sich dadurch gestört. Allerdings würde ich das nicht als »empfindlich« bezeichnen – das ist ein Adjektiv, das Männer gern Frauen zuschreiben. Es ist alles andere als »empfindlich«, Catcalling als Belästigung zu sehen.

Daniel: Was ist Catcalling?

Angelika: Catcalling bezeichnet sexuell anzügliche und unangemessene Kommentare, Nachpfeifen, Hupen und vieles mehr, meist von Männern gegenüber weiblich gelesenen Personen. Das passiert vor allem in der Öffentlichkeit, um Aufmerksamkeit zu bekommen oder einfach nur die Attraktivität der Person zu bewerten. Das wird in der Regel als sehr bedrohend und aufdringlich wahrgenommen. Ich kenne keine Frau aus meinem Umfeld, der das nicht regelmäßig passiert.

Daniel: Klar, Pfeifen ist wirklich ziemlich plump. Aber wenn ich dich richtig verstehe, dann wird jede männliche Aufmerksamkeit, die über ein Lächeln oder ein freundliches Nicken hinausgeht, heute von euch eher als störend empfunden?

Angelika: Die Tragweite ist viel größer als das. Für Frauen ist es nahezu unmöglich, sich im öffentlichen Raum zu bewegen, ohne dass es zu Catcalling kommt. Das führt natürlich dazu, dass man sein Verhalten daran anpasst und zum Beispiel vermeidet, fremden Männern, die einem gegenübersitzen, in die Augen zu gucken.

Ich finde, es ist absolut in Ordnung, wenn ersichtlich ist, dass Interesse von beiden Seiten besteht und beide Seiten offen dafür sind, ein Gespräch einzugehen. Ein Lächeln ist nichts Verwerfliches, und wenn man ein Lächeln zurückbekommt, kann man gut ins Gespräch kommen.

Daniel: Das ist doch klar. Flirten ist ja ziemlich vielschichtig, man muss sich schon einfühlen in eine Situation, in sein Gegenüber und sich auch etwas einfallen lassen und sich Mühe geben. Was gar nicht geht – und das war zu allen Zeiten so –, sind platte Sprüche, logisch. Und man muss früh genug merken, wenn es bei dem oder der anderen kein Interesse gibt. Ich glaube, das ist heute komplizierter, ihr habt da ganz andere Codes und Muster. Die unterscheiden sich. Die

Frauen aus meiner Generation haben sich halt eher gefreut, wenn ihnen Interesse signalisiert wurde. Natürlich nicht mit blöder Anmache. Aber das Bemerken von männlichem Interesse wurde früher eher als etwas Positives gesehen von den Frauen. Das hat sich meiner Beobachtung nach auch nicht sehr verändert, wenn die Älteren heute flirten. – Ja, du guckst mich jetzt so erstaunt an, aber auch Boomer daten! Inzwischen wird jede dritte Ehe geschieden, und das führt dazu, dass man auch im höheren Alter wieder neu auf Partnersuche geht, Männer wie Frauen. Aber die nutzen dann natürlich auch das Internet.

Angelika: Die Flirtkultur hat sich auf jeden Fall verändert. Ich glaube, sie ist vorsichtiger geworden, aber in einem positiven Sinne.

Daniel: Ist es überhaupt noch da, das Flirten? Manchmal habe ich schon den Eindruck, dass man sich das gar nicht mehr traut, weil man sofort den Vorwurf fürchten muss, man würde sich männlich unangemessen verhalten.

Angelika: Es wäre schön, wenn Männer ihren vermeintlichen »Flirt« eine Sekunde überdenken würden, weil es dann wesentlich weniger unangenehme Situationen in unserem Leben gäbe. Aber dein Eindruck bezüglich des Flirtens ist falsch. Es wird auf jeden Fall immer noch geflirtet, und wir gehen auch immer noch in Bars und Klubs, und da wird auf jeden Fall Kontakt gesucht.

Daniel: Aber wie sieht es dann aus beim Übergang vom Flirt zur flüchtigen Affäre oder zur Beziehung? Und welche Rolle spielt das Internet bei euch?

Angelika: Natürlich habe ich eine andere Sicht auf die Dinge als Menschen, die in kleineren Städten oder auf dem Land wohnen. Ich kann mir vorstellen, dass der Großteil meiner Generation mit Dating-Apps vertraut ist. Der Markt ist so riesig, es gibt unzählige Apps wie Bumble, Tinder, Hinge & Co. Manche benutzen alle Dating-Apps gleichzeitig, das habe ich auch schon gemacht. Es ist auch interessant, wie diese Apps funktionieren: Der Algorithmus merkt sich, wann du die App öffnest, und weiß damit, wann man sich einsam fühlt; zum Beispiel abends im Bett, kurz vor dem Einschlafen. Du wirst dann per Push daran erinnert, dir Zeit zum Swipen zu nehmen. Diese Apps machen Menschen am Ende aber auch zur austauschbaren Ware. Die Möglichkeit, immer neue Menschen zu treffen und kennenzulernen, ist praktisch unendlich. Es gibt stündlich neue »Angebote« – das macht es schwerer, sich auf eine Person festzulegen und der Beziehung ein Label zu geben.

Daniel: Das kann ich gut nachvollziehen. Wenn wir früher nach einer gewissen Zeit des Suchens einmal jemanden gefunden hatten, von dem wir glaubten, sie oder er ist die oder der Richtige, war man eher bereit, sich festzulegen. Heute dagegen ist klar, dass du immer jemanden treffen kannst, zumal in großen Städten mit der Masse der Möglichkeiten durch die vielen Dating-Apps. Das hat sich, bedingt durch das Internet, zu einem Teil der habituellen Kultur entwickelt, und daher kommt dann wohl auch die wachsende Unverbindlichkeit. Man hat halt immer noch eine andere Option.

Angelika: Ja, also in diesem Sinne kann ich dir zustimmen. Ich bin zwar immer noch davon überzeugt, dass ein Großteil von uns den Wunsch hat, die eine, richtige Person zu finden, aber der Weg dahin bringt auf jeden Fall sehr viele Abwägungen und Möglichkeiten zum Abbiegen mit sich. Die meisten Menschen in diesen Apps haben vielleicht zwei,

maximal drei Sekunden Zeit zu überzeugen, bevor weitergeswipt wird.

Daniel: Das klingt aber auch ziemlich anstrengend …
Und wann wird aus dem digitalen Flirt ein analoger Flirt
zwischen richtigen Menschen?

Angelika: Keine Sorge, so viel Zeit lassen sich die meisten da nicht, aber das macht jede Person anders. Es gibt
Menschen, die sind lange in dieser Talking Stage, also in der
ersten Phase des Datings, in der man spricht und sich kennenlernt, viel textet und sich, falls es passt, erst dann irgendwann trifft. Andere Menschen wollen sich sofort sehen und
ihre Zeit nicht mit stundenlangem Hin-und-her-Schreiben
verschwenden.

Ich muss daran erinnern, dass wir Jüngeren ja auch die
Generation Corona sind. Zwei Jahre lang wurde fast gar nicht
live gedatet. Und wenn, dann nur auf Distanz. Ich hatte zu
dieser Zeit einige Dates, die aus einem Spaziergang bestan-
den. Das heißt, man ist dann zwei Stunden im Februar durch
Berlin gelaufen und hat versucht, sich kennenzulernen.

Daniel: Draußen daten im Februar klingt nicht sonderlich gemütlich.

Angelika: Immerhin war ich viel an der frischen Luft.

Daniel: Du hast eben gesagt, man möchte bei euch diese
offene Unverbindlichkeit angesichts der ja noch vielen großen Möglichkeiten möglichst lange behalten, und ihr wolltet
Beziehungen nicht labeln. Was meinst du mit »Beziehungen
labeln«?

Angelika: Das bedeutet, Bezeichnungen zu vergeben
beziehungsweise die Bekanntschaft zu kategorisieren, zum
Beispiel im Sinne einer festen Partnerschaft.

Daniel: Das klingt schon ein bisschen komisch, oder?

»Beziehungen stempeln« … Aber ich weiß, was du meinst. Früher hieß das einfach »ist nichts Ernstes« oder »ist ein Volltreffer«. Aber woran macht ihr fest, welches Label eine Beziehung bekommt?

Angelika: Also, wenn man die Eltern und Familie kennenlernen soll oder man sich gegenseitig zu einer Hochzeit mitnimmt, dann ist das schon eine Ansage.

Daniel: Ihr könnt ganz schön pingelig sein mit euren Labels, oder?

Angelika: Am Ende steht bei uns im Vordergrund, eine gute Zeit zu haben und zu versuchen, Bekanntschaften zu umgehen, die irgendwie stressig oder kompliziert werden könnten. Eine Partner*innensuche muss ja nicht unbedingt effektiv sein, sondern kann und soll auch einfach nur Spaß machen. Wenn man von der ersten Sekunde an nur darauf fokussiert ist, sein*e Lebenspartner*in zu finden, übersieht man vielleicht die magischen Momente, die man nur für eine gewisse Zeit mit einer Person teilt.

Daniel: Es ist schon interessant, welche Adjektive du im Zusammenhang mit Beziehungen verwendest: »stressig« und »kompliziert«. Das würde ja bedeuten, dass jede ernsthafte Beziehung in diesem Sinne schwierig ist.

Angelika: Es kommt wohl darauf an, zu wie viel Commitment die Personen bereit sind. Man muss sich aufeinander einlassen, Pläne machen und Zeit füreinander finden. Und ich glaube, wenn man nicht offiziell sagt, dass man zusammen ist, kann man sich das ja alles irgendwie noch offenhalten. Das nennen wir auch Situationship.

Daniel: Was heißt das konkret?

Angelika: Irgendwas zwischen eher ernsthaftem Dating und Freundschaft. Das zielt auf emotionale Präsenz und persönliche Verbindung. Man teilt emotionale und körperliche Nähe. Aber man ist nicht in einer festen Beziehung. Das heißt, man gibt sich selbst den Raum, um die Gegenwart zu genießen, hat aber trotzdem eine bedeutungsvolle Verbindung mit jemandem.

Daniel: Das funktioniert aber doch nur so lange, wie sich nicht einer ernsthaft verliebt, oder?

Angelika: Ich denke, das funktioniert mal besser, mal weniger gut. Diese Art von Verbindungen sind gerade ein großes Ding, übrigens vor allem auf Social Media, und ich vermute, dass sich das zum Inbegriff der Unverbindlichkeit für unsere Generation entwickelt hat.

Aber man muss natürlich dazu sagen, dass wir über Menschen im Alter zwischen 20 und 27 Jahren reden. Es ist ja klar, dass jüngere Personen eher unverbindlich sind, mehr Zeit haben und ihre Zwanziger genießen wollen. Aber unabhängig davon nehmen feste Beziehungen oder gar eine Ehe bei uns einen sehr viel niedrigeren Stellenwert ein als vielleicht noch in deiner Generation. Emilia Roig schreibt darüber in ihrem Bestseller *Das Ende der Ehe*. Ich habe das Gefühl, dass das Konzept der Ehe von vielen Jüngeren zunehmend hinterfragt und wohl auch als veraltet angesehen wird.

Daniel: Über den Sinn der Ehe in unserer modernen Welt ist immer gestritten worden. Als die große Welle der Emanzipation in den Siebzigerjahren rollte, haben sich die Frauen auch schon ähnlich geäußert wie du heute. Also in dem Sinne, dass die Ehe veraltet ist, eine nicht mehr zeitgemäße Institution und so weiter. Und klar, in Zeiten, in denen jede dritte Ehe wieder geschieden wird, kann man schon darüber diskutieren. Ich finde aber, dass eine Ehe die Partnerschaft positiv verändert. Man stellt sich in einen festen Rahmen, man verbindet sich mit einem Band, das neben rechtlicher Einordnung vor allem emotionale Sicherheit gibt. Man wird auch gezwungen, sich miteinander mehr Mühe zu geben und nicht gleich beim ersten Krach wieder davonzuziehen. Heute sind Beziehungen ja sehr austauschbar geworden, das ist bei einer Ehe anders. Klar kann man sich, wenn es gar nicht mehr geht, auch wieder scheiden lassen, aber das ist aufwendig, belastend und oft ziemlich teuer. Das überlegt man sich selbst in einer Ehekrise dann dreimal und gibt nicht gleich dem ersten Fluchtreflex nach. Eine Ehe ist wie der Mörtel in der Mauer, er sorgt für Stabilität. Auch deshalb finde ich das positiv.

Klar, die meisten Frauen brauchen, im Gegensatz zu früher, die Institution der Ehe nicht mehr als Versorgungssicherheit, denn sie sind oft selbst gut ausgebildet, verdienen ihr eigenes Geld und sind wegen ihrer sozialen und finanziellen Unabhängigkeit nicht auf einen Ehemann angewiesen. Und diese ja sehr positive soziale Entwicklung verändert natürlich die Institution und die allgemeine Haltung zur Ehe. Wie sehr sich die Dinge gewandelt haben, sieht man auch daran, dass die meisten Scheidungsanträge bei deutschen Gerichten mittlerweile von Frauen eingereicht werden.

Angelika: Die Ehe gilt in Deutschland oft als Armutszeugnis für Frauen, der Staat privilegiert dieses Modell durch das Ehegattensplitting. Für viele Frauen, die weniger verdienen als ihre Männer, lohnt sich die Arbeit dann kaum noch. Dafür kommt beim Mann auf der Lohnabrechnung mehr raus.

Daniel: Das liegt daran, dass der Staat Ehe und Familien fördern will, und ich kann daran nichts Schlechtes finden. Die meisten Kinder wachsen immer noch in einer Ehe auf.

Außerdem werden die steuerlichen Vorteile des Ehegatten-splittings immer noch gern mitgenommen.

Angelika: Das hängt von der Sichtweise ab. Aber vielleicht wollen wir jetzt nicht über Steuern sprechen.

Daniel: Andere Frage: Was sagen eigentlich deine Eltern dazu, wenn du auf Tinder unterwegs bist? Oder wenn du nicht nur einen Freund hast, in so einer Phase mit Situation-ships oder Friends with Benefits?

Angelika: Ich bin mit achtzehn ausgezogen, meine Eltern haben von meinem Datingleben nicht viel mitbekommen. Anders als bei meinen Freundinnen durften aber vorher keine Jungs bei mir übernachten oder andersrum. Wie hast du das bei deinen Söhnen gehandhabt?

Daniel: Okay, deine Eltern waren strenger, aber das scheint mir eher die Ausnahme zu sein. Ich war bei meinen Söhnen, die heute Ende zwanzig sind, großzügiger mit weiblichen Übernachtungsgästen. Die strengen Maßstäbe meiner Eltern aus der Kriegsgeneration sind doch inzwischen weitgehend Vergangenheit.

Angelika: Du warst großzügig gegenüber deinen Söhnen, aber wie wäre es bei einer Tochter gewesen? Bei meinem Bruder waren meine Eltern auch nicht so streng. Beim Thema Übernachten werden immer noch Unterschiede zwischen Söhnen und Töchtern gemacht, das finde ich ungerecht und altmodisch.

Daniel: Das stimmt und rührt vielleicht daher, dass es früher als anstößig galt, wenn eine Frau viele Beziehungen zu Männern hatte. Hat sich das heute deiner Einschätzung nach gelegt?

Angelika: Jeder und jede soll Erfahrungen machen und glücklich sein, leben und sich nicht selbst einschränken. Ich glaube, es gibt leider immer noch genug Männer, die sich daran stören, wenn Frauen viele Partnerschaften hatten. Das ist jetzt natürlich nur eine subjektive Einschätzung, aber außerhalb bestimmter Bubbles ist das Ganze mit Sicherheit noch Thema. Trotzdem glaube ich, dass es gesellschaftlich hierzulande nicht mehr als »anstößig« gilt.

Daniel: Das heißt, ihr habt den ganzen moralischen Ballast bei den Themen Sex und Liebe abgeworfen?

Angelika: Ich hoffe es. Man muss doch hinterfragen, was als unmoralisch gilt. Es kann doch nicht sein, dass es »moralisch gut« ist, wenige Partner*innen zu haben. Wer hat das definiert und entschieden?

Daniel: Das ist, glaube ich, eine aus der Religion kommende Vorstellung. Die Vereinigung von Mann und Frau wurde letzten Endes ja nur akzeptiert, wenn sie der Zeugung von Nachkommen diente. Man darf dabei nicht vergessen, dass die Verhütung ja früher schwieriger war. Und wenn eine Frau aus der Generation meiner Eltern ein Kind bekam und es keinen Partner gab, hatte sie es schwer.

Angelika: Und wie war es dann bei euch?

Daniel: Nicht viel anders als heute, aber es fehlten halt die vielfältigen Möglichkeiten des Internets. Als ich in der ersten Hälfte der Achtzigerjahre studierte, gab es schon lange die Antibabypille, aber noch kein Aids. Will sagen: Wir waren als junge Menschen weder schüchtern noch fromm und mussten uns auch nicht fürchten.

Angelika: Ich habe noch einen Punkt, den ich hier gern einmal einführen möchte, weil er bei euch Älteren wahrscheinlich gar nicht auftaucht, bei uns aber schon eine Rolle spielt. Sagt dir der Begriff Ghosting etwas?

Daniel: Ich kenne nur Ghostwriter.

Angelika: Nicht ganz. Ghosting ist bei uns ein ganz gängiger Begriff dafür, wenn man mit jemandem schreibt, aber der- oder diejenige irgendwann verschwindet und in diesem Sinne zum Geist wird. Online-Gespräche laden leider dazu ein, sich einfach nicht mehr zu melden, wenn man das Interesse verloren hat. Das heißt, man kann auch schon ein oder zwei Dates gehabt haben, aber es passt nicht. Ich spreche aus Erfahrung. Einerseits ist man vielleicht traurig, andererseits ist es super-unkompliziert. Und ich will dich gern fragen, wie das bei euch war. Habt ihr dann ein Gespräch gesucht, und es wurde dann »richtig« Schluss gemacht? Auch nach zwei Treffen?

Daniel: Das hängt davon ab, glaube ich. Wir haben uns früher ohne Handy und Internet halt fest verabredet, und zu solchen Treffen einfach nicht zu erscheinen, war grob unhöflich, das machte man nicht. Wenn man jemanden kennengelernt und sich vielleicht zweimal getroffen hat und dann merkte, es passt irgendwie nicht, dann gab es halt keine weiteren Verabredungen mehr, also auch keine neuen Anrufe oder Briefe. Das war dann auch ein Signal und wurde auch verstanden. Und es war eher die Ausnahme, dass man am Ende eines zweiten Treffens feierlich erklärte: »Du, danke für deine Zeit, aber wir lassen es jetzt einfach mal dabei.«

Angelika: Für mich klingt das trotzdem fairer als Ghosting.

Daniel: Ich finde es auch blöd und wenig souverän, ohne ein weiteres Wort einfach abzutauchen und zu verschwinden. Auch wenn man nicht mehr interessiert ist, gehört es doch zum guten Ton, ein freundliches Signal zu geben und den anderen nicht im Ungewissen zu lassen. Das gilt übrigens für Männer wie für Frauen, denn auch Männer leiden unter Zurückweisungen und Ignoranz. Aber das Internet lädt natürlich zum »Ghosting« ein. Man muss sich eben nicht mehr in die Augen schauen, man muss nichts erklären und ist unangenehmen Situationen nicht mehr ausgesetzt. Diese Anonymität führt wohl auch zu einer negativen Wahrnehmung.

Angelika: Ghosting ist wirklich keine Ausnahme. Es passiert regelmäßig, dass sich jemand einfach nicht mehr meldet. Das führt direkt zu meinem nächsten Wort im Dating-Wörterbuch: Red Flags.

Daniel: Und welche Bedeutung haben die »roten Flaggen« beim Dating?

Angelika: Wenn man jemanden kennenlernt, versucht man auch herauszubekommen, ob es Warnsignale gibt, die einen davon abhalten sollten, weiterzumachen. So eine »Red Flag« könnte zum Beispiel sein, dass jemand schlecht über seine oder ihre Ex-Partner*in spricht. Und dann fragt man sich, ob er oder sie das auch mit einem selbst machen wird.

Daniel: Irgendwie tun mir die jungen Männer leid …

Angelika: Aber warum? Es geht doch nicht nur um Männer bei dieser Sache.

Daniel: Aber schau mal: Die Männer geben sich Mühe. Als Mann macht man Komplimente, man überreicht ihr gern ein kleines Geschenk. Mann versucht maximal nett zu sein, großzügig, aufmerksam. Aber dann wird vor ihm mit einer »Red Flag« gewarnt.

Ich merke schon, dass die Aufnahme von Kontakt, das Flirten, Kennenlernen und so weiter heute unter ganz anderen Voraussetzungen stattfinden. Liebe und Sex waren zu allen Zeiten gleich, aber die Frage, wie es zustande kommt, wie man damit umgeht, wie man eine Verbindung wieder löst, das ist, glaube ich, heute doch komplett anders. Das ist wohl einer der signifikanten Unterschiede zwischen unseren Generationen.

Angelika: Ist es heute besser oder schlechter?

Daniel: Schwer zu sagen. Auf der einen Seite ist es natürlich schön, wenn man durch das Internet heute mehr Möglichkeiten hat, gezielt jemanden kennenzulernen, der ebenfalls auf der Suche ist und ähnliche Interessen hat, weil der Algorithmus das alles schön vorsortiert. Aber früher war es deutlich einfacher, im öffentlichen Raum einfach ins Gespräch zu kommen, weil niemand aufs Handy geguckt, sondern mehr die Menschen in seiner Umgebung angeschaut hat. Es war normal, dass man sich in die Augen sah und auch mal anlächelte. Trotzdem weiß ich noch, dass jeder Versuch, Bekanntschaft mit Frauen zu schließen, stets ein Schuss ins Dunkle war und man dabei bei Weitem nicht immer ins Schwarze getroffen hat.

Angelika: Was meinst du damit?

Daniel: Also, man sitzt im Café oder im Bistro und sieht – was nicht alle Tage vorkommt – am Nebentisch eine Frau, die einem gefällt. Man lächelt ihr zu, sucht ein Gespräch, lädt sie ein und unterhält sich sehr nett mit ihr. Am Ende der Begegnung nimmt man allen Mut zusammen und fragt nach der Telefonnummer. Und dann sagt sie: »Ach, das war ein netter Abend mit dir, vielen Dank, aber ich muss zurück, mein Freund wartet auf mich.«

Solche Situationen erlebt man nicht, wenn man im Internet datet, weil die Leute, die sich bei den Plattformen anmelden, meist nicht fest gebunden sind, sondern etwas Neues suchen. Das heißt, man »verschwendet« relativ wenig Zeit und Energie, sondern sucht gezielt die vorsortierten Dates aus. Insofern habt ihr es heute leichter.

Aber was mir dann schon so ein bisschen zu denken gibt, ist dieses Wegwischen von Bewerbern auf den Bildschirmen, dieses Durchzappen wie mit der Fernbedienung durch TV-Programme. Man gibt dem einzelnen Menschen auf diesen Dating-Apps ja überhaupt keine Chance mehr, wenn er oder sie nicht gerade auffallend schön ist. Alles darunter fällt bei den Sekundenentscheidungen der Nutzer durch. Und da bin ich dann ziemlich sicher, dass ich das nicht so gewollt hätte, als ich noch ganz jung war. Insofern fälle ich kein Urteil, ob es mit der Liebe und dem Kennenlernen und der Partnerschaft heute besser oder schlechter geht. Ihr habt heute mehr Freiheit, mehr Möglichkeiten, keine Eltern mehr mit Moralpredigten – alles richtig. Aber euer doch recht wahlloser Umgang miteinander kommt mir dann mitunter schon recht hart vor.

Angelika: Auch hier würde ich nicht in Schwarz und Weiß denken. Natürlich romantisieren wir Situationen, in denen sich zwei Menschen auf der Straße begegnen und verlieben. Das klingt einfach schöner, als zu sagen, jemand hat mein Bild auf Instagram gelikt und ist dann mit mir in die DMs geslidet, hat mir also eine Nachricht auf Instagram geschrieben. Das Dating im Internet ist zwar effizient und anonym, aber ziemlich unromantisch, zumindest am Anfang. Außerdem gehört ja mehr dazu, als dass man die Fotos in einem Dating-Profil mag und einen Vibe beim Schreiben fühlt. Am Ende muss man sich trotzdem face to face treffen, um rauszufinden, ob man sich auch im realen Leben anziehend findet. Übers Internet weißt du nicht, wie die Person riecht, wie sie sich gegenüber anderen Menschen verhält, ob sie ein*e gute Zuhörer*in ist. Das sind alles Dinge, die man bei einem Offline-Kennenlernen schneller erkennt.

Daniel: Manche Umgangsformen zwischen Männern und Frauen in der analogen Welt haben sich ja mittlerweile auch überholt. Als Mann sollte man jungen Frauen beispielsweise nicht mehr in den Mantel helfen, sie finden das schnell übergriffig. Ich mache das auch nicht mehr. Wenn man früher mit einer Frau ausging und ihr am Ende beim Rausgehen einfach ihren Mantel in die Hand drückte oder sie ihn sich selbst von der Garderobe nehmen und anziehen musste, war man als Mann häufig schon durchgefallen – nach dem Motto: Der Typ hat keine Manieren.

Angelika: Der bittere Beigeschmack an solchen Gesten ist, dass damit suggeriert wird, der Mann sei das überlegene Geschlecht, das der Frau zu Hilfe eilt, weil sie es nicht schafft, sich selbst ihren Mantel anzuziehen oder die Tür aufzumachen. Ich finde das auch sehr veraltet, das klingt ein bisschen danach, als würden Männer Frauen »den Hof machen«. Ich finde es übrigens interessant, wenn auch nicht sehr überraschend, dass es in unserer Diskussion viel mehr um Gegensätze zwischen der männlichen und weiblichen Wahrnehmung geht als um Generationsunterschiede.

Daniel: Ja, die Differenzen zwischen Geschlechtern und Generationen gehen hier Hand in Hand.

Angelika: Davon abgesehen: Wir beide leben in heterosexuellen Beziehungen, aber ich will nicht über Liebe und Partnerschaft sprechen, ohne dabei eine weitere Gruppe von Menschen einzubeziehen, die LGBTQIA+-Community. Liebe und Partnerschaft findet natürlich auch hier statt. Ich habe das Gefühl, dass viele Boomer das gern ausblenden.

Daniel: Du meinst Homosexuelle, Bisexuelle …

Angelika: Ich meine lesbische, schwule, bisexuelle, transsexuelle beziehungsweise Transgender-, queere, intersexuelle und asexuelle Menschen.

Daniel: Also Menschen, die eine ungeklärte Geschlechtsidentität haben oder eben nicht genau wissen, wo sie sich zugehörig fühlen. Gar nicht so einfach, da die Übersicht zu behalten und jeden korrekt zu bezeichnen.

Angelika: Das ist ein wenig fehlgeleitet. LGBTQIA+ steht nicht für Menschen, die eine »ungeklärte« Geschlechtsidentität haben. Geschlechtsidentität bedeutet nichts anderes als die eigene Wahrnehmung und das eigene Empfinden der Zugehörigkeit zu einem oder auch mehreren Geschlechtern; andere definieren sich weder als weiblich noch als männlich. Was ich damit sagen will: Alles geklärt.

Die Welt wird inklusiver. Das 21. Jahrhundert hat die Anerkennung der Geschlechterdiversität mit sich gebracht und auch die breite Erkenntnis, dass das Spektrum der menschlichen Sexualität wesentlich komplexer und weniger starr ist als bisher angenommen, wobei das natürlich kein Ding des 21. Jahrhunderts ist.

Daniel: Ich bin 1961 geboren, und ich muss sagen, dass ich in meiner Schulzeit niemanden kennengelernt habe, der seine Homosexualität offen gelebt hat. Später an der Uni wurden die Menschen dann etwas selbstbewusster. Wahrscheinlich haben sich damals trotzdem viele noch nicht getraut, sich zu outen. Aber es gab bereits Anfang der Achtziger eine Arbeitsgruppe schwuler Studenten an meiner Uni in Bonn, und die traten ganz offen auf und wurden dafür auch nicht komisch angeschaut.

Verglichen mit dieser Zeit braucht man heute meiner Meinung nach keinen großen Mut mehr, um offen homosexuell zu leben, das ist weitgehend akzeptiert, vor allem unter den Jüngeren. Das war früher nicht ganz so. Als Klaus Wowereit 2001 im Wahlkampf in Berlin den berühmten Satz sagte »Ich bin schwul, und das ist auch gut so«, gab es große Debatten über die Frage, wie offen unsere Gesellschaft ist. Das Ergebnis war, dass Wowereit riesigen Zuspruch für seinen Mut erhielt, sich als erster deutscher Spitzenpolitiker zu outen.

Das ist nicht auf Linke oder Liberale beschränkt. Auch die Konservativen sehen die Welt, wie sie ist. Und auch den Konservativen ist nichts Menschliches fremd. Das gilt heute für fast alle politischen oder kulturellen Gruppen.

Angelika: Diese Akzeptanz hängt stark davon ab, wo man wohnt und wie präsent Queerness im jeweiligen Umfeld ist. Deswegen ist das hier vielleicht auch weniger eine Diskussion zwischen Generationen, in jeder Generation finden sich Menschen, die transphob oder homophob sind. Und unter der Oberfläche großstädtischer Toleranz herrschen immer noch viele Vorurteile und Vorbehalte.

Homosexualität steht immer noch in zwölf Ländern unter Todesstrafe, es gibt auch in Deutschland Menschen, die das Wort »schwul« als Beleidigung nutzen, außerdem sind queere Menschen statistisch gesehen öfter Ausgrenzung und Gewalt ausgesetzt. Ich glaube, dass wir immer noch viel zu tun haben und für mehr Sichtbarkeit sorgen müssen. So wie die queere Autorin Alexa Grassmann in *Sie lieben* schreibt: »Sichtbarkeit schafft Normalität, und Normalität schafft es, Diskriminierungserfahrungen zu reduzieren.«

Du sprichst über die Konservativen – als damals über die Ehe für alle debattiert wurde, hat sich die CDU sehr zurückgehalten.

Daniel: Eine christliche Partei hat natürlich schon ein Problem damit, weil eben zum christlichen Menschenbild traditionell ein Mann und eine Frau gehören. Dass es aber auch ein Mann und ein Mann sein können, wird heute nicht mehr bestritten. Und bitte erinnere dich: Wer hat die Ehe für alle durchgesetzt?

Angelika: Du wirst es mir gleich sagen.

Daniel: Das war am Ende Angela Merkel und ihre CDU-geführte Bundesregierung. Also insofern würde ich mich davor hüten zu sagen, dass die Haltung der Konservativen nach wie vor strenger ist, das glaube ich einfach nicht mehr. Das sieht man auch im politischen Diskurs. Die Grünen haben mehr Unterstützung angeboten für die queere Community, das stimmt. Aber im Großen und Ganzen geht die Akzeptanz von Homosexualität heute doch durch alle gesellschaftlichen und politischen Lager. Ich bin fest davon überzeugt, dass es in unserer Gesellschaft generell kein großes Problem mehr gibt mit Homosexualität und dass es auch eine volle Anerkennung bei Menschen in meinem Alter gibt – von Ausnahmen abgesehen, aber homophobe Menschen gibt es in jeder Generation. Ich räume aber ein, dass es sich beim Thema Transsexualität etwas anders verhält.

Angelika: Ich finde es ignorant zu sagen, dass Homosexualität in unserer Gesellschaft kein großes Problem mehr ist. Vielen Menschen ist Liebe und Partnerschaft in gleichgeschlechtlichen Beziehungen immer noch ein Dorn im Auge, das zeigen die zunehmenden Angriffe, Drohungen und Beleidigungen, denen homosexuelle Menschen ausgesetzt sind; die steigen, je offener die queere Community sichtbar wird. Es gibt viele queere Menschen, die sich zum Beispiel an ihrem Arbeitsplatz oder in ihren Familien nicht outen können, weil sie Angst vor den Folgen haben.

Wieso denkst du, es verhält sich anders bei Trans*menschen?

Daniel: Ich glaube, dass es schon noch ein gewisses Vorurteil gegenüber der Transcommunity gibt. Das rührt wahrscheinlich daher, dass ihre Vertreter und Vorkämpfer sehr laut vorgehen und dass sie sehr entschieden für genaue Beachtung und Anerkennung werben und die Lautstärke dieser Werbung manchmal ein bisschen als unnötig oder übertrieben empfunden wird. Als »unnötig« empfinde ich beispielsweise Forderungen, eine dritte Toilette einzurichten, also neben den Männer- und Frauentoiletten in Gaststätten oder öffentlichen Gebäuden noch eine dritte für die Transmenschen zu bauen. Abgesehen von baulichem und finanziellem Aufwand vor allem für Gastwirte geht das doch auch an der Realität vorbei. Inzwischen gibt es in vielen Gaststätten ohnehin nur noch Unisex-Toiletten.

Angelika: Ich bin überrascht von der Wut, die bei dieser Debatte manchmal mitschwingt. Am Ende betrifft dich das Ganze ja nicht. Außerdem ist die »dritte Toilette« nicht nur für Trans*, sondern eben auch für nicht-binäre* Menschen. Inwiefern kann es dich stören, wenn eine dritte Toilette im Spiel ist? Es ist eine einfache Methode, einen sicheren Ort für eine Gruppe von Menschen zu schaffen, an dem sie nicht angestarrt oder angesprochen werden, ob sie nicht auf der falschen Toilette sind. Für Außenstehende ändert es nicht viel. Macht es dir Angst, dass es das Weltbild durcheinanderbringen kann?

Daniel: Ich denke, dass das ein Thema ist, das nicht mit Angst besetzt ist, aber möglicherweise mit einer Fremdheit.

Dass man das Geschlecht wechseln möchte, möglicherweise auch durch eine Operation, ist für viele sicher ein weit entfernter und wenig angenehmer Gedanke. Deshalb machen manche vielleicht lieber einen Bogen um das Thema. Es ist die Frage, ob die mangelnde Bereitschaft zur Auseinandersetzung mit diesem ja sehr spezifischen Problem eine Art Diskriminierung durch partielle Ignoranz darstellt oder nicht. Ich denke, dass viele schlicht nicht darüber nachdenken oder das Thema wegschieben, aber das empfinde ich nicht als Diskriminierung.

Angelika: Diskriminierung findet auf vielen Ebenen statt; sich diese Fakten nicht bewusst zu machen, ist meiner Meinung nach auch eine Art der Diskriminierung. Wenn man nicht betroffen ist, hat man einfach sehr gut reden.

Ich glaube, wir müssen einen offenen Raum für den Austausch schaffen, um über Identitätsthemen zu sprechen und Geschichten zuzuhören. Und vor allem sollten Minderheiten laut sein dürfen, um sich Gehör verschaffen zu können.

KAPITEL 6

Internet & neue Medien – Lost in Isolation?

Die Gen Z lebt im Internet – oder? Das zumindest ist ein Vorwurf, der oft aus Richtung der Babyboomer zu hören ist. Umfragen zeigen, dass diese Behauptung gar nicht so abwegig ist: Unter den 14- bis 29-Jährigen in Deutschland beträgt die durchschnittliche Nutzungsdauer des medialen Internets im Jahr 2023 täglich 257 Minuten. Bei den 50- bis 69-Jährigen liegt sie bei 89 Minuten. Das führt unter anderem dazu, dass sich die jüngere Generation auf anderen Wegen über Nachrichten informiert als die Älteren. Laut einer Umfrage nutzen 78 Prozent der unter 30-Jährigen in Deutschland soziale Medien als bevorzugten Zugang zum aktuellen Weltgeschehen. 43 Prozent der 16- bis 29-Jährigen geben zudem an, dass soziale Netzwerke einen Einfluss auf ihre politische Meinung haben.

Daniel: Eines der schwierigsten Themen zwischen unseren Generationen betrifft meiner Einschätzung nach die Art und Weise der Kommunikation. Ich meine vor allem das allgegenwärtige Handy und die damit einhergehende fehlende Aufmerksamkeit für die jeweiligen Gesprächspartner. Mich hinterlässt es ratlos, wenn sich junge Menschen in einer Bar oder in einem Restaurant gegenübersitzen, in ihre Smartphones tippen, dabei ihr Getränk trinken und kaum miteinander reden. Ich frage mich, ob das wirklich die neue Realität ist und ob das Handy wichtiger ist als die Person, die einem gegenübersitzt. Oder handelt es sich dabei einfach um eine Art von Nachlässigkeit, die sich in euerer Generation herausgebildet hat?

Ganz ehrlich: Dieses Kommunikationsverhalten nervt und regt auf. Außerdem stört es die Eltern-Kind-Beziehung zunehmend. Man hat immer das Gefühl, dass man nicht beachtet oder bestenfalls als Randerscheinung wahrgenommen wird.

Angelika: Exzessiven Smartphone-Konsum gibt es in deiner Generation doch auch! Ich finde es immer ein bisschen lächerlich, dass wir als »handysüchtig« dargestellt werden. Die Nutzungsdauer unserer Altersgruppen unterscheidet sich im Schnitt nur um 31 Minuten pro Tag, die 50- bis 64-Jährigen nutzen ihr Handy laut Statista durchschnittlich 144 Minuten täglich. Klingt auch nach ziemlich viel, oder?

Daniel: Schon, aber auf die Woche oder das Jahr gerechnet, sind 30 Minuten Unterschied täglich viel.

Angelika: Stimmt, natürlich zeigen uns die Zahlen auch, dass wir unsere Smartphones häufiger nutzen. Ich habe eine Studie gefunden, die deine Beobachtungen und Erfahrungen unterstreicht: Danach schauen 50 Prozent der 18- bis 24-Jährigen mindestens einmal pro Stunde nach neuen Whatsapp-Nachrichten. Ganz ehrlich, mich stört es auch, wenn ich mit Freund*innen unterwegs bin und die dann die ganze Zeit mit einem Auge auf ihr Handy schielen. Es kann eh schon echt schwer sein, einen Termin für ein Treffen zu finden, und dann verbringen wir unsere wertvolle Zeit damit, immer mal wieder in eine Parallelwelt abzutauchen. Noch schlimmer finde ich Smartwatches, weil man die nicht mal eben wegpacken würde. Ich weigere mich bisher, mir eine anzuschaffen, weil mich allein der Anblick stresst. Es gibt Personen, die anfälliger dafür sind als andere, aber im Grunde ist es fast unmöglich, einen ganzen Abend lang nicht auf sein Handy zu schauen. Und da zähle ich mich auf jeden Fall auch dazu – würde euch aber nicht davon ausnehmen.

Also, es ist nicht nur die neue Realität, von der du sprachst, sondern vor allem eine neue Normalität. Der Umgang mit dem Smartphone ist für unsere Generation aber vielleicht selbstverständlicher, weil wir routiniert mit unseren Handys umgehen, schon in viel jüngeren Jahren unsere ersten Smartphones hatten und innerhalb von Sekunden Informationen raussuchen oder Nachrichten tippen können.

Daniel: Der exzessive Gebrauch des Handys beziehungsweise das Handy als ewiger Dritter im Bunde ist auch ein großes Thema in den Schulen, mit dem sehr unterschiedlich umgegangen wird. Die meisten Schulen verbieten mittlerweile Handys im Unterricht. Gleichwohl habe ich mir von Lehrern erzählen lassen, dass sie praktisch machtlos dagegen sind. Wird das Handy mit in den Klassenraum gebracht, können sie nichts dagegen tun, wenn die Schüler unter ihren Tischen heimlich draufgucken. Das liegt natürlich auch an dem mittlerweile erlernten Reflex, dass sie zwischendurch draufschauen und ihre Nachrichten checken müssen. Darunter leidet die Aufmerksamkeit der Schüler für den Unterricht extrem – das sehen wir an den geringen Lernerfolgen. Viele Pädagogen beklagen sich darüber, dass die Fähigkeit zur Konzentration und zur Fokussierung bei Jugendlichen extrem nachgelassen hat. Die PISA-Ergebnisse sind nach wie vor sehr schlecht.

Angelika: Wie du selbst sagst: Die PISA-Ergebnisse waren auch schon schlecht, als es noch gar keine Smartphones gab. Das hat etwas mit unserem maroden Schulsystem zu tun und nicht mit Handys. Es muss natürlich trotzdem ein neuer Umgang damit gefunden werden, vor allem bei jüngeren Kindern, die gerade erst anfangen, ihre Smartphones zu benutzen. Ich bin aber keine Pädagogin und kann auch nicht für diese Generation sprechen.

Was mich oft erschreckt, ist der Automatismus der Handynutzung: Man will die Uhrzeit checken, dann geht man auf WhatsApp, dann auf Instagram – und am Ende weiß man immer noch nicht, wie viel Uhr es ist. Das Öffnen von Apps ist komplett internalisiert, ich weiß manchmal gar nicht, warum ich jetzt schon wieder diese oder jene App geöffnet habe. Ich habe mir Bildschirmzeiten für Apps wie TikTok eingestellt, die ich leider jeden zweiten Tag ignoriere. Wir sind die erste Generation, die Smartphones schon seit der frühen Jugend ausgesetzt ist. Ich frage mich, was das langfristig mit uns machen wird. Haben wir alle irgendwann schlechte Augen und einen krummen Rücken? Was wird aus unserer Aufmerksamkeitsspanne? Ein TikTok-Video hat nur ein paar Sekunden Zeit, um die Zuschauer*innen zu überzeugen, weiterzuschauen. Knallt es in den ersten Sekunden nicht rein, wird weitergeswipt – unsere Hirne wissen, da kommt immer mehr.

Trotzdem möchte ich nicht alles schwarzmalen. Ich glaube, wir arbeiten gerade daran herauszufinden, was der beste Umgang ist, und wir akzeptieren, dass es überhaupt nicht mehr möglich ist, kein Smartphone zu haben. Wir könnten zum Beispiel unseren Job heutzutage nicht machen, wenn wir uns weigerten, ein Smartphone zu besitzen.

Daniel: Es stimmt, dass das Smartphone die neue Normalität ist. Siehst du eine Chance, dass sich das noch ändern kann, dieser exzessive und häufige Gebrauch des Handys, die geteilte Aufmerksamkeit und die nachlassende Fähigkeit, für eine längere Zeit bei einer Sache zu bleiben, ohne ständig wieder auf einen anderen Bildschirm gucken zu müssen?

Angelika: Ja. Denn der erste Schritt ist schon getan: Wir haben das Problem erkannt und sind uns des Ausmaßes bewusst. Ich kenne niemanden, der oder die sechs Stunden Bildschirmzeit verteidigt, es sei denn, die Person verdient damit ihr Geld. Ich glaube, wir arbeiten alle daran, uns Auszeiten zu gönnen, weil wir wissen, wie wichtig die sind. Es gibt mittlerweile genug Tools, die einem dabei helfen. Ich habe zum Beispiel während des Studiums eine App genutzt, die mir nur nach 25 Minuten Arbeit erlaubt hat, mein Handy für fünf Minuten zu nutzen. Das Smartphone und ewiges Swipen machen oft süchtig – es ist schon interessant, dass da vor allem die jüngeren Generationen anfällig sind, aber eben nicht ausschließlich.

Daniel: Aber warum muss man denn immerzu auf das Handy gucken? Der Durchschnittsmensch bekommt doch nicht alle 15 Minuten wichtige Nachrichten, die für sein persönliches Leben oder für seinen Beruf unerlässlich sind, sondern es sind ja oft banale Dinge.

Angelika: Vielleicht haben wir ein unterschiedliches Verständnis von »wichtig«. Es ist ein Riesengewinn, dass man unabhängig von der Distanz immer mit Freund*innen und Familie in Kontakt stehen kann. Ich finde es tröstlich, dass ich trotz vollem Terminplan wenigstens über WhatsApp oder Memes auf Instagram kurze Lebenszeichen verschicken kann oder dass meine besten Freund*innen nur eine App entfernt sind, wenn ich gute und schlechte Nachrichten teilen möchte. Klar kann diese ständige Erreichbarkeit auch zur Belastung werden. Ich habe oft ein schlechtes Gewissen, wenn ich zu lange brauche, um jemandem zu antworten. Manchmal fühlt sich das wie Arbeit an, sich sechsminütige Sprachnachrichten anzuhören und sich gebührend Zeit dafür zu nehmen.

Daniel: Dass man auf Nachrichten und Anfragen antwortet, ist immer schon so gewesen, auch schon bevor sie digital wurden. Die Frage ist, ob man das immer sofort machen muss. Und natürlich hält man Kontakt mit dem Handy oder dem Computer – allerdings habe ich den Eindruck, dass gerade Kinder und Jugendliche, aber auch junge Erwachsene sich zunehmend im Internet verlieren; dass sie durch den Gebrauch dieser digitalen Medien zwar auf der einen Seite Kontakt mit allen möglichen Leuten haben, sich auf der anderen Seite, außerhalb des digitalen Raums, aber isolieren und die Kontaktvielfalt verlieren. Siehst du das auch, oder ist das einfach eine andere Art von Kontakt? Ersetzt der digitale Kontakt den echten Kontakt? Ihr telefoniert auch viel weniger miteinander. Es wird alles über Text- und Sprachnachrichten gemacht.

Angelika: Ich würde nicht sagen, dass wir so viel weniger telefonieren, aber ein dezentrales Gespräch über WhatsApp passt oft einfach besser in den Alltag, weil nicht beide im selben Moment Zeit haben müssen und man selbst entscheiden kann, wann man darauf antwortet.

Daniel: Aber isoliert man sich nicht schnell, wenn man nicht mehr mit den Menschen redet, sondern nur chattet? Viele Jugendliche sind ja »lost in isolation«.

Angelia: Ja, ich glaube schon, dass das Internet einsam

machen kann, das hat viel mit dem jeweiligen Menschen zu tun. Auf der anderen Seite finden viele Menschen im Internet Verbündete, die dieselben Ansichten und Hobbys teilen, die man in der Schule und der Uni vielleicht nicht findet. Politischer Aktivismus spielt in den sozialen Medien eine große Rolle, die Black-Lives-Matter-Bewegung wurde 2020 größtenteils online organisiert, das Gleiche gilt für Fridays for Future. Natürlich kann das auch in die andere Richtung schlagen, denn es finden sich so auch Menschen zusammen, die gefährliche Ansichten vertreten oder Hass im Netz verbreiten. Aber denken wir zum Beispiel an Corona zurück, wie einsam wir da ohne unsere Smartphones und Videoanrufe gewesen wären. Da wurden auf einmal alle Freundschaften digital.

Daniel: Aber mit der Folge, dass alle nachher über Vereinsamung geklagt haben. Bei Chats geht ja wahnsinnig viel verloren. Ein direktes Gespräch ist ganz anders, als wenn man sich über Stunden digital austauscht, weil man zwischendurch immer wieder eine Pause macht oder gerade mit etwas anderem beschäftigt ist.

Angelika: Ich habe auf jeden Fall Momente, in denen meine Freundinnen und ich so viele Sprachnachrichten in kurzer Zeit austauschen, dass ich mir denke, es wäre viel einfacher und schneller gewesen zu telefonieren. Trotzdem habe ich das Gefühl, dass du den Stellenwert eines Handys nicht ganz verstehst. Wie viel leichter uns das Leben gemacht wird, wie schön es ist, sich mit anderen auszutauschen. Und ich wiederhole mich, aber wir werden nicht mehr ohne Smartphones leben, also müssen wir uns irgendwie arrangieren und nicht gleich beleidigt sein, wenn unser Gegenüber mal aufs Handy blickt. Es gibt kein Zurück.

Daniel: Das Smartphone ist ja nicht die einzige Art der Internet- und Mediennutzung. Vor allem die Jugendlichen sind fast süchtig nach Computerspielen. Das ganze Gaming hat sich in den letzten Jahren ja sehr stark entwickelt. Viele Menschen aus deiner Generation sind auf diesem digitalen Spielplatz unterwegs – und zwar ständig. Ich erinnere mich noch an Gespräche mit anderen Eltern, als meine Söhne in ihrer Pubertät gar nicht mehr wegzukriegen waren von ihren Computern und Ballerspielen. Manchmal denke ich, dass viele von diesen Heavy-Usern kaum noch rausgehen, sondern lieber vor ihren Konsolen und PCs sitzen. So etwas bleibt ja kaum ohne Spuren. Glaubst du nicht, dass dieses tiefe Eintauchen in die virtuelle Welt rasch zu Vereinsamung und Isolation führen kann?

Angelika: Die Beliebtheit von Gaming explodiert, da hast du recht. Auch wenn ich selbst dem noch nie viel abgewinnen konnte, entscheiden sich vor allem jüngere Generationen oft für Computerspiele, wenn sie nach Unterhaltung suchen.

Ich kann mir vorstellen, dass viele Menschen gar nicht wissen, dass Gaming eigentlich relativ sozial ist. Die meisten Spiele werden online mit einer ganzen Gruppe gespielt, das können die eigenen Freund*innen, aber auch Menschen aus der ganzen Welt sein. Es geht nicht nur ums Spielen, es ist eine ganze Kultur, die sich über Jahrzehnte entwickelt hat.

Was sich auch etabliert hat, sind Plattformen wie Twitch. Dabei spielt man nicht selbst, sondern schaut anderen beim Spielen zu. Auch das ist ein Community-Ding. Du kannst dir das so vorstellen, als würdest du mit einer Gruppe von Menschen ein Fußballspiel ansehen, nur eben online, und man chattet miteinander. Ich würde aber behaupten, dass diese Form sehr männlich geprägt ist.

Daniel: Ich muss zugeben, dass ich diese Art der Spiele gar nicht kenne. Ich frage mich nur, wie die Kinder heute lernen sollen, mit ihren Altersgenossen »richtig« zu spielen, also im direkten menschlichen Austausch. Ich weiß, das klingt jetzt blöd, aber wir haben früher im Wald Hütten gebaut und uns in eine Cowboy-und-Indianer-Welt hineinfantasiert. Das geht doch völlig verloren, wenn die Kinder heute mit einem Klick in eine perfekte digitale Welt eintauchen, die andere designt haben. Wie soll da die Fantasie angeregt und entwickelt werden?

Angelika: Das mag vielleicht so sein, aber ihr müsst die neue Realität akzeptieren. Nur weil ihr warnt, werdet ihr die Jugendlichen nicht mehr von den Computern wegbekommen.

Daniel: Ich glaube, ich werde den Reiz daran nicht verstehen. Was ich auch nicht kapiere: Die meisten Dinge, die auf dem Handy angeschaut werden, sind eine Mischung aus Unterhaltung, Werbung und einfach Mitteilung von anderen Menschen, die mal lustiger, mal weniger lustig sind. Ich würde sie in die Kategorie »nice to have«, aber kein »must have« einordnen. Was fasziniert dich da so daran?

Angelika: Ein großer Aspekt der sozialen Medien sind natürlich Influencer*innen und Internet-Kultur. Es ist eine mittlerweile nicht mehr komplett neue Art der Inhaltsvermittlung, die die klassische Kommunikation und Werbung, wie zum Beispiel das Fernsehen, in großen Teilen abgelöst hat. Und es ist ein Millionenbusiness: Influencer*innen und Stars mit über eine Million Follower*innen können zwischen 10 000 und einer Million Euro pro Post bekommen. Und solange Unternehmen ihre Produkte über Influencer*innen vermarkten, werden die erfolgreich sein. Und das müssen Unternehmen machen, wenn sie junge Menschen erreichen wollen.

Aber Influencer*innen sind mehr als Dauerwerbesendungen: Sie sind neue Vorbilder, deren Leben Follower*innen rund um die Uhr verfolgen können – und damit haben sie auch eine kulturelle Bedeutung. Durch ihre Nahbarkeit lösen sie sogar Sänger*innen und Schauspieler*innen ab, man muss einfach nur eine App öffnen, um sie zu sehen. Es können sogar parasoziale Interaktionen entstehen, bei denen Zuschauer*innen denken, sie würden sich gerade mit diesem Menschen unterhalten oder mit ihnen befreundet sein. Es kommt schnell dazu, dass eine einseitige Beziehung aufgebaut wird. Vor allem junge Frauen eifern Influencerinnen nach. Und alles ist nur einen Klick auf den Link entfernt, der in den Beiträgen gesetzt wurde. Jedenfalls wissen Influencer*innen ganz genau, was sie tun und wie sie junge Menschen erreichen und beeinflussen. Ich habe das Gefühl, dass gerade Boomer diese Welt nicht verstehen und dieses Business belächeln.

Außerdem gibt es viele Influencer*innen oder Content-Creator*innen, die keine Konsumartikel verkaufen. Die machen dann Comedy, politische Bildung, Kochen oder eben Aktivismus.

Daniel: Dass viele aus meiner Generation Influencer nicht ernst nehmen, stimmt. Wobei ich das gern präzisieren würde. Was ich ernst nehme, ist die Tatsache, dass diese Influencer mit ihren teilweise Millionen Followern natürlich eine Marketingmacht haben und Wirkung erzielen. Das lässt sich nicht bestreiten. Große Firmen würden nicht so viel

Geld für diese Influencer ausgeben, wenn der Werbeeffekt und die steigenden Umsätze der beworbenen Ware nicht messbar wären. Trotzdem sind es am Ende Menschen, die irgendwelche Produkte empfehlen, mal mehr oder mal weniger plump, mal mehr oder mal weniger geschickt. Damit sind sie so eine Art digitale Marktschreier, die irgendwas in bestem Licht darstellen, nicht weil sie sich kritisch mit dem Produkt auseinandergesetzt haben, sondern weil sie Geld dafür bekommen.

Angelika: Da würde ich widersprechen. Ich will diesen Beruf auch nicht bis aufs Mark verteidigen, allerdings glaube ich nicht, dass viele von ihnen Hunderttausende Follower*innen hätten, wenn sie nicht authentisch wären. Damit sprichst du außerdem auch den Follower*innen die Fähigkeit ab, dass sie das filtern können. Klar gibt es immer Menschen, sowohl aufseiten der Influencer*innen als auch der Follower*innen, die nichts hinterfragen. Influencer*innen bauen aber auch Vertrauen zu ihren Follower*innen auf. Ein bekanntes und aktuelles Beispiel ist die Mega-Influencerin Chiara Ferragni, die, vereinfacht gesagt, Werbung für einen Kuchen gemacht hat, dessen Erlös als Spende an ein Krankenhaus gehen sollte. Am Ende stellte sich heraus, dass dieses Krankenhaus keinen Cent bekam. Daraufhin haben nicht nur unzählige Unternehmen die Kooperationen beendet, sie hat darüber hinaus Zehntausende Follower*innen verloren. Damit will ich sagen, dass am anderen Ende Menschen sitzen, die nur einen Button klicken müssen, um diesen Personen wieder zu entfolgen.

Daniel: Diese Influencer haben auch eine Vorbildfunktion, weil sie euch auf Dinge aufmerksam machen, die möglicherweise morgen ein Trend werden. Wenn man sich über ein Produkt informieren will, sind sie jedoch nicht die richtige Anlaufstelle. Würde ich mir zum Beispiel eine neue Spülmaschine kaufen wollen, auch wenn es wahrscheinlich keine Influencer für Spülmaschinen gibt, wäre mein erster Impuls, bei Stiftung Warentest Geräte zu vergleichen. Und dann schaue ich mir die Beurteilung von unabhängigen Experten an, die eine fachliche Einschätzung abgeben, die in meine Kaufentscheidung einfließt.

Influencer hingegen machen eine Mischung aus Werbung und Unterhaltung, die von Unternehmen bezahlt wird. Deswegen würden sie nie kritisch über ein Produkt reden und sagen: »Also, das ist ganz schön, aber unter uns: Es gibt etwas, das ist preiswerter und noch viel besser.« Es erstaunt mich, dass diese Influencer so einen großen Erfolg in eurer Generation haben, weil ihr sonst immer superkritisch seid, euch nicht gern etwas vorschreiben oder einen vom Pferd erzählen lasst – dann aber diesen massenhaften Konsum unterstützt und euch von Influencern manipulieren lasst.

Angelika: Ich habe noch nie darüber nachgedacht, Stiftung Warentest für so was zu nutzen. Aber ich habe auch noch nie eine Spülmaschine gekauft. Ich finde jedoch, dass dieses Argument ein bisschen davon zeugt, dass du nicht so richtig verstehst, was Influencer*innen machen. Sie sind auf jeden Fall keine Produkttester*innen; außerdem bewerben sie in erster Linie Lifestyle-Produkte, keine Produkte, die man zum Leben braucht. Ich würde zum Beispiel nach Inspiration für Klamotten suchen. Und natürlich gibt es Inhalte außerhalb von Werbung, über die auf jeden Fall kritisch gesprochen wird. Das hat auch einen Namen, man nennt es »Deinfluencing« – das Gegenteil also von Influencing. Beim Deinfluencing wird vermittelt, welche Produkte sie nicht empfehlen würden. Immerhin gibt es seit ein paar Jahren eine Kennzeichnungspflicht für Werbung, es ist also immer ersichtlich, wann Influencer*innen für ihre Beiträge bezahlt werden.

Nichtsdestotrotz – ich sehe durchaus kritische Punkte. Insbesondere wenn Werbung für sehr teure Produkte gemacht wird, die sich die meisten jungen Zuschauer*innen gar nicht leisten können, während Influencer*innen sie kostenlos zugeschickt bekommen. Zum Beispiel war ganz lange der Dyson AirWrap im Trend, ein Gerät für die Haare, das um die 500 Euro kostet und für das es definitiv günstigere Alternativen gibt. Ich habe so ein Ding übrigens von meinen Eltern zum Masterabschluss bekommen.

Daniel: Also hat die Manipulation bei dir gewirkt.

Angelika: Eher bei meinen Eltern. Aber sagen wir mal so, ich habe schon sehr viele Kaufentscheidungen getätigt, die durch soziale Medien veranlasst waren. Social Media ist definitiv meine erste Inspirationsquelle für viele Dinge.

Daniel: Ins Internet würden wir Älteren auch gehen, um Produkte aufzurufen und zu gucken, was es für Angebote an Schuhen, Schals und Jacken gibt. Wir würden uns jedoch vor allem bei Dingen, die ein bisschen teurer sind und die man sich nicht so häufig kauft, zum Beispiel einer Skijacke, anders informieren als ihr.

Wir haben aber über Manipulation gesprochen und die Frage, inwieweit Influencer manipulieren. Meinst du, man müsste diesen Bereich stärker regeln?

Angelika: Du hast von Manipulation gesprochen, nicht ich. Ich finde das ein bisschen übertrieben. Es lassen sich ja nicht Millionen Menschen am Tag manipulieren, sobald sie TikTok oder Instagram öffnen, das ist zu flach gedacht.

Ansonsten war die Kennzeichnungspflicht für Werbung schon ein extrem wichtiger Schritt, weil man nicht mehr raten muss, ob jemand für einen Beitrag oder eine Empfehlung Geld bekommt und ob jemand gerade versucht, einem etwas zu verkaufen. Außerdem haben die meisten Jugendlichen ja noch gar keine Mittel, um alles aufzukaufen, was ihnen angezeigt wird. Man muss sich selbst bewusst werden, ob man Influencer*innen folgen will und wer einem einen Mehrwert bietet und wer nicht. Andererseits bekommt man bei Instagram und TikTok, auch ohne Influencer*innen zu folgen, genug Werbung angezeigt, keine Chance, sich dem zu entziehen.

Daniel: Macht euch das keine Angst – diese Art von Manipulation durch Algorithmen? Das nimmt noch viel größere Dimensionen an als Werbung. Die digitale Welt, die durch die intensive Nutzung von Smartphones und Tablets entstanden ist, hat ja enorme Gefahren. Damit meine ich nicht nur, was die vorhin erwähnten Regeln der Höflichkeit, die Verkürzung von Aufmerksamkeitsspannen oder die Verschlechterung von Konzentrationsfähigkeit anbelangt. Viele Menschen schließen sich merkwürdigen Chatgruppen an, nehmen fragwürdige Botschaften auf, deren Wahrheitsgehalt sie nicht überprüfen können oder wollen, weil anfangs alles ganz interessant scheint. Und es verschwimmen die Grenzen zwischen Wahrheit und Lüge, zwischen Real und Fake. Das sehe ich als großes Problem in diesem Komplex, dass gerade die Jungen dafür sehr anfällig sind, aber natürlich auch ältere Menschen. Die Abkopplung von geprüften Nachrichten und Inhalten, die von seriösen Medienhäusern und Rundfunkanstalten produziert werden, wird immer stärker.

Angelika: Dieses Phänomen lässt sich generationenübergreifend beobachten, meiner Erfahrung nach sind es vor allem Boomer, die in ominösen Chatgruppen unterwegs sind und fragwürdige Videos weiterleiten und damit auch sehr anfällig für Fake News sind.

Völlig zu Recht wird viel darüber gesprochen, dass in Schulen und Kindergärten Medienkompetenz vermittelt werden soll. Jugendliche und Kinder müssen lernen, wie sie Falschnachrichten erkennen, wie sie die Glaubwürdigkeit von Quellen prüfen können und welche Möglichkeiten und Rechte sie haben, wenn es zum Beispiel zu Cybermobbing kommt. Hier wurde viel zu spät angesetzt – weil ihr Älteren lange nicht erkannt habt, wie wichtig Aufklärung und ein sicherer Umgang im Internet sind. Stattdessen wird immer noch veralteten Lehrplänen hinterhergelaufen. Das heißt nicht, dass das alles schlecht ist, aber man muss sich dringend an diese ja gar nicht mehr so neuen Gegebenheiten anpassen; ansonsten veraltet der Unterricht, und niemand interessiert sich mehr dafür.

Trotzdem finde ich, dass Medienkompetenz nicht nur den Jüngsten, die das unter Umständen schon in die Wiege gelegt bekommen, nahegebracht werden muss. Wenn ich manchmal sehe, welche Internet-Seiten oder Phishing-SMS von älteren Menschen angeklickt werden, sträubt sich alles in mir. Gerade viele Ältere werden Opfer von Betrugsmaschen im Internet oder verteilen falsche oder manipulierte Informationen in Gruppen-Chats. Es ist natürlich schwer, weil es da keine Organisation wie die Schule gibt, die warnen oder diese Aufklärung übernehmen kann. Da gehört auf jeden Fall Eigeninitiative dazu oder zum Beispiel Schulungen durch den Arbeitgeber oder durch uns, eure Kinder und Enkelkinder.

Daniel: Ja, im digitalen Bereich seid ihr uns Älteren in der Regel weit voraus – aber das ist ja auch okay. Warum sollen wir nicht von euch lernen? Viele Jahre lang bringen die Eltern den Kindern alles bei, jetzt erklären die Kinder halt den Eltern die Untiefen des Computers oder Handys. Ich frage auch gelegentlich meine Söhne, wenn ich ein Computerproblem außerhalb meines Jobs habe.

Aber lass uns doch bitte noch über ein anderes Thema sprechen – über das Mega-Thema überhaupt: die künstliche Intelligenz. Wenn man sieht, wie rasant sich dieser Bereich entwickelt und wie gut das stellenweise schon funktioniert, dann frage ich mich schon, ob sich die Schüler und Studentinnen künftig ihre Arbeiten und Referate alle von ChatGPT schreiben lassen. Das geht wirklich sehr leicht, ich habe es ausprobiert, und ich sehe in der künstlichen Intelligenz eine große Gefahr für Medienkompetenz. Außerdem wird die KI in Schulen und Unis jetzt zunehmend missbraucht. Nicht dass ich neidisch wäre, aber ich frage mich zunehmend, ob ihr euch gar nicht mehr anstrengen wollt?

Angelika: So leicht ist es nun auch wieder nicht! ChatGPT gibt immer wieder falsche Antworten, und das kann problematische Auswirkungen haben. KI-generierte Bilder und Videos zum Beispiel erscheinen immer echter und sind kaum mehr von Originalfotos zu unterscheiden. Für die sozialen Medien ist das natürlich gefährlich, weil es der ohnehin schon großen Zahl an Fake News Tür und Tor öffnet. Ich finde aber, dass KI vor allem ein Gewinn für uns ist: Es macht so viele Prozesse einfacher, wenn man weiß, wie man die KI richtig für sich nutzt, sowohl privat als auch beruflich. Früher war es wohl viel aufwendiger, in der Bibliothek nach einer Definition zu suchen, jetzt können wir uns immerhin auf das Wesentliche konzentrieren und viel effizienter arbeiten. Hier gilt der Spruch »Früher war alles besser« nicht.

Daniel: Volle Zustimmung! Dieses Schlangestehen und Suchen nach den wenigen Fachbüchern und Zeitschriften in den Uni-Bibliotheken war echt nervig – genauso wie das Kopieren Hunderter Seiten. Das kann sich heute keiner von euch mehr vorstellen!

Angelika: Was uns auch von euch unterscheidet, ist die Art, wie wir uns über aktuelle Nachrichten informieren. Du gehörst ja zu denen, die das *Handelsblatt* oder die *FAZ* immer noch gern auf Papier lesen …

Daniel: Ich bekenne mich schuldig.

Angelika: Zeitungen lesen die Jungen kaum noch. Eine Bitkom-Umfrage hat gezeigt, dass Instagram, TikTok und andere soziale Medien für 78 Prozent der unter 30-Jährigen in Deutschland den schnellsten Zugang zum aktuellen Weltgeschehen ermöglichen. Das heißt, dass die Gen Z über Social Media Nachrichten konsumiert. Außerdem sagten 43 Prozent der 16- bis 29-Jährigen, dass soziale Netzwerke einen Einfluss auf ihre politische Meinung hätten. Das darf auf keinen Fall unterschätzt werden.

Daniel: Wie viel Nachrichtenwert kann denn in so einer Instagram-Kachel platziert werden? Ich glaube nicht, dass das qualitativer Medienkonsum ist. Das kann keinen ganzen Artikel ersetzen, egal ob online oder print, für den gute Journalisten stundenlang recherchiert haben.

Angelika: Gerade das ist der große Clou, der es so wichtig macht, dass seriöse Medien am Puls der Zeit bleiben und versuchen, die jungen Generationen zu erreichen und ihre Inhalte auf sie auszurichten. Und entsprechend auch die

Kunst beherrschen, komplexe Inhalte auf sechs Kacheln oder in kurzen Videos anzubieten. Ich würde ja sagen, dass damit die Gen Z besser informiert ist als ein alter *Bild*-Zeitungsleser. Viele junge Menschen erhalten so eine Möglichkeit, auch von komplexen Vorgängen und Ereignissen zu erfahren, sie zu verstehen, zu verarbeiten oder selbst darüber aufzuklären. Die »Tagesschau« zum Beispiel hat knapp fünf Millionen Follower*innen auf Instagram, der *Spiegel* hat rund eine Million und die *Welt* 800 000. Das sind richtige Instanzen und der Beweis, dass es funktioniert, wenn man sich anstrengt.

Instagram gibt es schon seit 2011, viele dieser Medien haben sich aber erst Ende 2015 da angemeldet. Auf TikTok hingegen hängen viele noch hinterher, haben teilweise noch gar keine Accounts. Schaffen seriöse Medien es nicht, sich hier zu engagieren, kann es sehr schnell passieren, dass Randmedien sich dieser Aufgabe annehmen oder Fake News ihren Lauf nehmen – denn wenn die etablierten Medien sich keine Bühne verschaffen, wird dieses Vakuum von anderen ausgefüllt. Das kann man gut bei der AfD beobachten, die natürlich kein Nachrichtenblatt ist; auf einigen Plattformen hat sie aber zehnmal mehr Abonnent*innen als die Ampel-Parteien, die CDU oder Die Linke. Die AfD reagiert superschnell auf neue Entwicklungen, sie war zum Beispiel eine der ersten Parteien auf TikTok und ist mit Tausenden Influencer*innen vernetzt, was sie online bekannter macht. Außerdem profitiert die Partei vom Algorithmus, weil sie auf emotionale Inhalte abzielt, das kommt gut an bei User*innen.

Daniel: Aber denkst du, man kann das Ausmaß an Fake News und Desinformationskampagnen in den Griff bekommen? Im Januar 2024 kam heraus, dass Russland in einer

Desinformationskampagne mithilfe gefälschter Nutzerkonten insgesamt mehr als eine Million deutschsprachige Tweets abgesetzt hat. Die sollten Verunsicherung schaffen, um die Leute zu manipulieren. Das ist zwar auch generationenübergreifend und nicht nur auf junge Leute ausgerichtet. Aber kann das dadurch behoben werden, dass die etablierten Medien sich jetzt auf TikTok und Instagram platzieren?

Angelika: Ich glaube, das ist ein riesiger und wichtiger Faktor. Und je präsenter etablierte Medien sind, desto einfacher ist es natürlich, Falschinformationen zu erkennen oder sie zumindest damit gegenzuchecken. Aufhalten werden wir damit irgendwelche Bots aus Russland wahrscheinlich nicht. Das macht die Vermittlung von Medienkompetenz umso wichtiger. Es muss aber natürlich auch von politischer Seite etwas passieren – ein guter Start ist der Digital Service Act, der seit Februar gilt, oder das Netzwerkdurchsetzungsgesetz, das zum Beispiel soziale Netzwerke verpflichtet, Beschwerden von Nutzer*innen schnell zu bearbeiten.

Aber genug Gesetzestalk. Was mir oft auffällt, ist, dass vor allem auf Instagram jede*r auf einmal Expert*in auf irgendeinem Gebiet ist. Es werden ungefiltert Beiträge geteilt, ohne die Quelle zu checken, ohne diesen Beitrag eine Sekunde lang zu hinterfragen. Viele sehen etwas, das ihrer Meinung entspricht, und teilen es dann. Das verbreitet sich wie ein Lauffeuer: Follower*innen sehen das in Storys und teilen es auch und so weiter. Ich selbst kann mich da nicht unbedingt immer ausnehmen. Und irgendwie hat auf einmal jede*r eine Meinung. Das ist vor allem seit Corona und den Kriegen in der Ukraine und im Nahen Osten krass geworden. Ich fühle mich fast unter Druck gesetzt, mich positionieren zu müssen; fürchte, wenn ich es nicht mache, dass meine

Freund*innen vielleicht denken, ich würde mich nicht genug mit dem Thema auseinandersetzen oder stünde nicht auf der richtigen Seite oder es interessiere mich einfach nicht.

Daniel: Dass selbst wir als Berufsjournalisten eines seriösen Mediums uns dabei erwischen, gelegentlich ungeprüft Dinge weiterzugeben oder zu teilen, ist ein großes Alarmzeichen.

Viele bilden sich ihre Meinung aber auch nur deshalb sehr oberflächlich, weil sie nicht besonders viel recherchieren, sondern nur ein bisschen was lesen. Und trotzdem hauen sie dann irgendetwas raus, damit sie sichtbar sind und weil es vielleicht eine gewisse soziale Erwartungshaltung gibt, oder?

Angelika: Klar, das passiert auf jeden Fall. Ich scrolle manchmal abends durch Social Media und frage mich dann, ob nicht gerade ich als Journalistin einen Beitrag leisten sollte – geprüfte Inhalte teilen? Irgendeinen Mehrwert bieten? Mein Job sind Nachrichten. Aber gerade das macht es mir so schwer. Ich beschäftige mich acht Stunden am Tag mit dem aktuellen Weltgeschehen. Ich lese mehr Nachrichten als der Großteil meiner Freund*innen. Und ganz ehrlich, mich zieht das schon oft runter, und eigentlich will ich doch nur ein bisschen scrollen und abschalten. Social Media ist sehr politisch, oft scheint die Stimmung viel negativer, als sie in der Gesellschaft wirklich ist. Das nimmt das Unbeschwerte und die Leichtigkeit. Wäre es ignorant von mir, Menschen, die zu viele Nachrichten teilen, stummzuschalten oder gar meine Profile einfach zu löschen und mich dem Ganzen zu entziehen, weil ich gerade keine Nachrichten konsumieren will?

Daniel: Und bin ich altmodisch, weil ich TikTok nicht in meinem Leben brauche?

Angelika: Vielleicht ein bisschen.

KAPITEL 7

»Cancel Culture« –
der neue Kulturkampf
um das »Unsagbare«

Der Begriff »Cancel Culture« beschreibt ein aus den USA stam-
mendes Phänomen des politischen Aktivismus, das inzwischen
auch in Deutschland immer mehr Verbreitung findet. Ziel ist es,
zumeist prominenten Personen den Zugang zu öffentlichen Ver-
anstaltungen zu verwehren oder diese zu stören, weil ihre Aussa-
gen zu wissenschaftlichen, religiösen oder gesellschaftlichen The-
men als moralisch und sozial fragwürdig oder als inakzeptabel
gelten. Die Kampagnen kommen sowohl aus linken als auch aus
rechten Aktivistenkreisen und finden besonders oft an Hochschu-
len statt. Nach einer empirischen Studie der Soziologen Matthias
Revers und Richard Traunmüller sprechen sich heute je nach
Thema 30 bis 50 Prozent der Studierenden für eine Einschrän-
kung der Meinungsfreiheit aus. Ein Drittel gibt zu, kontroverse
Aussagen in Seminaren lieber zu vermeiden, ein Viertel berichtet,
für Diskussionsbeiträge schon persönlich angegriffen worden zu
sein.

Daniel: Wir haben dieses Thema ausgesucht, weil hier die
unterschiedlichen Meinungen sehr hart aufeinanderprallen.
Ich will meine Position auch gleich zu Beginn sehr klar und
womöglich auch etwas zugespitzt beschreiben. Es hat sich
meiner Beobachtung nach gerade in Teilen der Medien, der

Kultur und der politischen Debatten eine Art Gerechtig-keitsfuror und ein Bereich des angeblich »Unsagbaren« ent-wickelt, der sich mit einer wachsenden Neigung verbindet, Personen mit unliebsamen Positionen, Reden oder Veröf-fentlichungen einfach zu boykottieren, anzuklagen, nieder-zubrüllen oder ihre Auftritte zu sprengen. Daraus kann man den Eindruck gewinnen, dass man gerade im Kultursektor und an Universitäten und Hochschulen nicht mehr alles sagen darf, was man denkt. Diese Vorwürfe sind im Raum und haben auch konkrete Anlässe. Anders gesagt: Sind sach-liche Debatten über kontroverse Themen heute überhaupt noch möglich, ohne dass es emotionale Ausbrüche gibt, ver-bunden mit Vorwürfen und Shitstorms?

Ich finde, es ist nicht akzeptabel und im Hinblick auf die Demokratie höchst schädlich, wenn Menschen mit be-stimmten Meinungen von einer radikalen Minderheit bei Veranstaltungen niedergebrüllt oder im Internet mit Shit-storms überzogen werden. Und ich finde, das gilt auch für die zahlreichen Absagen von Veranstaltungen mit soge-nannten missliebigen Personen, also die sogenannte Cancel Culture, wobei ich mich frage, was daran eine »Kultur« sein soll. Und sind nicht manche Vorwürfe, die dann geäußert werden, wie zum Beispiel der der kulturellen Aneignung, völlig überzogen, ja absurd? Verengen wir nicht unsere De-battenräume, wenn bestimmte Themen inzwischen als tabu und unsagbar gelten?

Angelika: Mir kommt es ein bisschen so vor wie der Kampf zwischen der politisch korrekten jungen Linken und der Meinung älterer Konservativer. Es stimmt, das sind die zwei Fronten, die bei Debatten oft aneinandergeraten. Du hast schon eine ganze Reihe Punkte genannt. Natürlich muss auf jeden Fall der Diskurs erhalten bleiben, und das gilt für beide Seiten, also für junge und alte Linke wie für junge und alte Konservative. Leider leben wir gerade in einer Zeit, in der Polarisierung groß- und die Bereitschaft zum ruhigen Zuhören kleingeschrieben wird. Daher kommt wohl auch die Neigung, sich beim kleinsten Anlass gleich die Köpfe einzuschlagen.

Daniel: Zumindest verbal.

Angelika: Ja, zum Glück noch nicht buchstäblich. Ich möchte aber gleich zu Beginn einmal die Begriffe »woke« und »Cancel Culture« einordnen. Das Wort »Kultur« ist dabei sehr groß, ich glaube nicht, dass es eine »Kultur des Wegcancelns« gibt. Die Begriffe »Wokeness« und »Cancel Culture« werden als Pendant zu »Man darf ja gar nichts mehr sagen« und damit auch als Schimpfwort gegen die politisch korrekte Linke genutzt. Dabei bedeutet der Begriff »Wokeness« aus dem Englischen übersetzt einfach nur »Wachheit«, also dass man mit geschärfter Aufmerksamkeit auf gesellschaftspolitische Missstände achtet. Inzwischen wird beides als Kampfbegriff von rechts genutzt, quasi als Anschuldigung, dass sich diese Bewegungen Deutungshoheit und Macht über alles andere verschaffen möchten.

Daniel: Wobei die Gemeinde, die sich als »woke« bezeichnet, diesen Begriff selbst benutzt und ihn auch eingeführt hat.

Angelika: Das meine ich ja, er wurde von dieser Community als Begriff für Wachheit und Aufmerksamkeit eingeführt, mit der Zeit hat er aber als politischer Kampfbegriff Karriere gemacht, der einfach von rechts nach links verwendet wird. Jemand, der ernsthaft das Wort »Cancel Culture« benutzt, ist danach bereits mit seiner Einordnung fertig. Das bedeutet, es wird dann auch die Dialogbereitschaft und der Raum für Diskussionen verwehrt. Zwar will die Person damit sagen, dass er oder sie den Diskurs vermisst, aber eigentlich wird damit schon ein Punkt gesetzt.

Daniel: Lass uns bitte nicht Ursache und Wirkung verwechseln, sondern erst einmal konkret beim Thema Cancel Culture bleiben. Es gibt ja inzwischen zahlreiche Veranstaltungen, die von kleinen Gruppen gestört wurden und die wegen dieser Aktionen abgebrochen werden mussten. Oder es wurde schon im Vorfeld mit massiven Protesten und Störungen gedroht, wenn eine bestimmte Veranstaltung nicht abgesagt wurde. Und in der Tat mehren sich Fälle, in denen die Organisatoren Angst vor der eigenen Courage bekommen und wegen der zu befürchtenden Ausschreitungen einen Auftritt oder Vortrag mit der oft fadenscheinigen Begründung »Sicherheitsbedenken« als »nicht durchführbar« bezeichnen. In solchen Fällen haben also schon die Drohungen von kleinen, radikalen Minderheiten ausgereicht, um eine öffentliche Veranstaltung zu verhindern. Für mich ist das Gesinnungszensur. Und das darf in einer freiheitlichen Demokratie nicht passieren.

Angelika: Kannst du ein Beispiel nennen?

Daniel: Ich erinnere mich zum Beispiel an eine Senioren-Tanzgruppe der AWO, die auf der Bundesgartenschau in Mannheim unter dem Motto »Weltreise mit Traumschiff« Tänze in Kostümen aufführen wollte, die verschiedene Länder symbolisieren. Ein paar Aktivisten hatten sich darüber bei der Leitung der Bundesgartenschau beschwert und mit Protesten gedroht. Die Tanzaufführung sollte deshalb zunächst ausfallen. Begründung: Die Kostüme seien eine »klischeehafte Darstellung« und würden die Gefahr einer kulturellen Aneignung in sich bergen. Das war allerdings so absurd, dass bundesweit eine große Debatte über die Frage geführt wurde, ob man aus diesen Gründen wirklich die harmlose Tanzdarbietung einer Seniorengruppe untersagen könne, die schon mehrfach bei anderen Gelegenheiten aufgetreten war, ohne dass sich jemand beschwert hatte. Die BUGA-Leitung geriet also unter öffentlichen Druck, konnte ihre Absage nicht vernünftig erklären und stimmte schließlich einem Kompromiss zu, der darin bestand, einige Kostüme nicht zu verwenden. Dieser Fall zeigt doch, welche Blüten die vermeintliche »Political Correctness« mittlerweile treibt. Und das setzt sich ja fort. Selbst die Karnevalskostüme der Kinder sind nicht mehr »korrekt«, wenn sie sich als Indianer verkleiden.

Angelika: Von der Tanzgruppe habe ich nicht gehört, aber ich muss an den Fall einer Biologin denken, die eine Gastvorlesung an der Humboldt-Universität nicht halten durfte, weil sie an der Theorie festhält, dass es nur zwei Geschlechter gebe. Und mir fällt auch noch ein, dass Fridays for Future einmal eine blonde europäische Künstlerin mit Dreadlocks ausgeladen hat, ebenfalls mit der Begründung der kulturellen Aneignung.

Daniel: Oder nimm den Fall, dass ein Gymnasium in Pullach sich nicht mehr nach dem berühmten Kinderbuchautor Otfried Preußler benennen und diesen Namen canceln wollte.

Angelika: Ich bin mir sicher, dass der ein oder andere Fall begründet abgesagt wurde, zumindest finde ich es gut, dass im Vorfeld darüber gesprochen wird und Menschen sich ernsthaft Gedanken machen. Aber inwieweit ist »Cancel Culture« real? Friedrich Merz hat schon oft problematische

Dinge von sich gegeben und wird immer noch zu jeder Talkshow eingeladen. Er sitzt dann da auf der Couch und kann ohne Rücksicht auf irgendjemanden völlig frei über Minderheiten sprechen. Oder schauen wir in die Kulturszene: Luke Mockridge tritt immer noch auf, genauso wie Rammstein. Diese Band füllt nach ihrem Skandal um die sexuelle Belästigung eines weiblichen Fans immer noch die Hallen. Niemand wurde ernsthaft von einer breiten Masse weggecancelt, obwohl das gar nicht mal so schlecht gewesen wäre.

Daniel: Na ja, Friedrich Merz hat schon harte öffentliche Kritik einstecken müssen und erheblichen Gegenwind bekommen. Und gegen Till Lindemann ist sogar strafrechtlich ermittelt worden

Angelika: Mit welcher Konsequenz?

Daniel: Öffentliche Kritik und Shitstorms sind sehr unangenehm, und du musst solche Kampagnen persönlich durchstehen können, Politiker kennen das allzu gut. Dafür braucht man ein dickes Fell und gute Nerven – und das haben viele Menschen nicht. Im privaten Bereich ist das ja auch okay. Aber ich erwarte schon von Leuten in herausgehobenen Positionen, dass sie nicht einfach vor einem möglichen Konflikt oder einer streitigen Debatte davonlaufen, sondern sich ihr stellen. Das gilt vor allem für Verantwortliche in Universitäten, allen Arten von Hochschulen oder Museen. Hier werden immer wieder Veranstaltungen abgesagt, weil eine kleine radikale Minderheit einen erheblichen Lärm macht und mit Störungen droht. Die meisten Verantwortlichen wollen aber keinen Ärger und sind wenig konfliktbereit. Mittlerweile ist es ein klassischer Reflex, lieber schon im Vorfeld abzusagen oder spätestens dann nachzugeben, wenn während der Veranstaltung gebrüllt oder das Publikum mit

Flüstertüten und Trillerpfeifen malträtiert wird. Der Wille und die Bereitschaft, sich nicht von einer teilweise auch gewaltbereiten Minderheit terrorisieren zu lassen, wird leider immer schwächer.

Angelika: Ja, das gibt es. Viele Dinge müssen aber differenziert betrachtet werden. Wir können zum Beispiel die Biologin nicht mit Rammstein in einen Topf werfen.

Daniel: Ich finde, dass du die Dinge durcheinanderbringst. Der Professorin hat man das Recht zur freien Rede verwehrt – und das an einer Universität, wo doch angeblich die Freiheit von Wissenschaft und Lehre hochgehalten wird. Der Fall Rammstein betrifft hingegen die Aussage einer jungen Frau, sie sei nach einem Konzert von dem Sänger Lindemann sexuell genötigt worden. Ich kann zu dem Fall nichts sagen, aber der hat nichts mit Cancel Culture zu tun. Da steht ein Vorwurf im Raum, über den die Gerichte entscheiden müssen.

Angelika: Natürlich. Aber theoretisch wäre ja die logische Konsequenz, dass deshalb künftig weniger Menschen auf ein Rammstein-Konzert gehen. Allein aus moralischen Gründen.

Daniel: Warum?

Angelika: Wegen der Vorwürfe gegen ihn?

Daniel: Erstens gilt bis zu einer rechtskräftigen Verurteilung immer noch die Unschuldsvermutung, zweitens hat jeder die Freiheit, selbst zu entscheiden, welche Konzerte er besuchen will. Oder sollte man aus moralischen Gründen präventiv die Auftritte von Rammstein verbieten? Das wäre nicht rechtsstaatlich.

Angelika: Nur weil Lindemann nicht verurteilt wurde, bedeutet das ja nicht, dass die Betroffene nicht unter ihm gelitten hat. Gerade bei sexualisierter Gewalt gibt es Dinge, die das Gesetz nicht sieht oder als strafrechtlich relevant behandelt. Das Gesetz schützt eben nicht alle. Es geht vor allem um den Umgang mit einem Mann, der in Liedern sexualisierte Gewalt verherrlicht.

Daniel: Noch mal: Das betrifft eine Anzeige und möglicherweise ein einzelnes Strafverfahren, aber nicht das generelle Problem der Cancel Culture, über deren Auswüchse wir hier reden wollen. Ich finde es alarmierend, wenn missliebige Dozenten, Vortragende oder Diskussionsteilnehmer niedergebrüllt werden. Oder wenn man Autoren, deren Ansicht man nicht mag, mit Shitstorms und Anschuldigungen überzieht. Diese Fälle finden nicht immer ein großes Publikum, weil sie oft in lokalen Medien behandelt werden. Nur in krassen oder prominenten Fällen erreicht so ein Canceln mal die überregionale Bühne. Aber die Gesellschaft sollte sich dagegen wehren, wenn die selbst ernannten Wächter der »Political Correctness« zu einer Art woker Gedankenpolizei werden, die ohne Mandat und Rechtsgrundlage immer dann eingreift, wenn einige wenige glauben, etwas »Unsagbares« verhindern zu müssen – natürlich immer um der Sache willen und im Dienst der Allgemeinheit. Das geht in einem freien demokratischen Rechtsstaat nicht. Und das muss man auch sagen können, selbst wenn man dafür gleich in irgendeine Schublade gesteckt wird, die im Zweifel mit dem Generalverdacht »rechts« beschriftet ist.

Angelika: Ich bleibe bei meinem Punkt, dass eine differenzierte Betrachtung notwendig ist. Wenn es um Wissenschaft und Forschung geht, finde ich canceln auch nicht in Ordnung. Aber wenn eine Person schon vorher diskriminierende Aussagen getätigt hat, muss man überdenken, ob man diesem Menschen eine Bühne gibt.

Das Problem ist, dass uns gar nicht erst zugehört wird. Wer kennt die Argumente, die wir vorbringen, wenn wir vermeintlich canceln wollen? Wer schaut dahinter? Der Ausgangspunkt dieser Debatten ist doch das Aufbegehren von marginalisierten Gruppen. Deswegen sind diese Diskussionen auch nicht übertrieben, sondern schaffen Bewusstsein und Toleranz und setzen sich kritisch mit Dingen auseinander.

Daniel: Ja, aber um eine solche Diskussion führen zu können, muss man sie doch erst einmal zulassen. Was meiner Meinung nach überhaupt nicht geht, ist das Unterbinden von Debatten, das Tabuisieren von Themen. Bleiben wir bei dem Fall der Biologie-Professorin, einer anerkannten Wissenschaftlerin: Grundlage ihres Vortrags war die These, dass es in der Natur grundsätzlich erst mal zwei Geschlechter gibt, wobei die geschlechtliche Identität in einigen Fällen changieren kann. Es ist ja okay, wenn dann eine von dir so genannte marginalisierte Minderheit – in dem Fall also Menschen ohne eindeutige Geschlechterzuordnung – dagegenhält und sagt, es gibt neben den binären Bereichen noch andere Zuordnungen. Aber dann sollten sie doch bitte an der Debatte teilnehmen, am besten mit wissenschaftlichen Fakten, und ihre Sicht der Dinge darstellen. Aber nicht durch lautstarkes Stören anderen Menschen eine Art Sprechverbot auferlegen.

Angelika: Ich habe meinen Punkt noch nicht zu Ende gebracht: Über viele Jahrzehnte wurde Sprache einfach nicht hinterfragt. Viele Ausdrücke und Begriffe stammen zum Beispiel aus der Kolonialzeit. Auch sprachliche Gedankenlosigkeiten wurden über Generationen weitergetragen. Wir alle kennen zum Beispiel die überholten und auch rassistischen Bezeichnungen für einige Süßigkeiten. Schaut man sich alte Fernsehsendungen an, dann ist es zum Fremdschämen, wie mit Frauen und Rassismus umgegangen wurde – wobei wir mit Thomas Gottschalk und seiner letzten »Wetten, dass ..?«-Sendung gar nicht so weit zurückblicken müssen.

Die Welt ist im beständigen Wandel, und wir als jüngere Generationen sind ein maßgeblicher Treiber dafür. Und für viele von uns ist es deshalb auch unverständlich, dass sich Menschen der älteren Generation davor verschließen. Unsere Gesellschaft wird multikultureller und facettenreicher, und das ist etwas, was ihr Älteren auch akzeptieren müsst. Diese Vielfältigkeit darf doch nicht daran scheitern, dass man einigen Menschen verweigert, ihnen den Raum zu geben, in dem sie sich äußern können und in dem sie auch gehört werden. Viele Leute werden einfach nicht wahrgenommen, weil sie nie gefragt worden sind. Das geht auch weiter, als nur Awareness zu schaffen oder Gutwilligkeit zu zeigen, man muss sich mit anderen Denkweisen und Kulturen auseinandersetzen – am besten, indem man Menschen aus diesen Kulturen einlädt, sie sprechen und sich repräsentieren lässt.

Daniel: Die Älteren verweigern sich doch nicht der Erkenntnis, dass es in der modernen Welt unserer Tage bunter geworden ist. Wir wissen das! Auch deshalb, weil dieser Prozess schon seit Jahrzehnten im Gange ist.

Aber das, worum es mir geht und vielen anderen auch, ist nicht zuerst eine Frage des Alters, sondern eher eine Frage der Betrachtung. Lässt man andere zu Wort kommen, auch wenn einem deren Ansichten nicht passen? Oder nimmt man sich ein höheres oder moralisches Recht heraus und unterbindet das nach Kräften? Darum geht es und nicht um die vermeintlich mangelnde Einsicht älterer Konservativer oder anderer Menschen. Klar wandelt sich die Welt, das tut sie jeden Tag. Aber die Regeln des demokratischen Diskurses muss man deshalb nicht auf den Kopf stellen oder gar völlig ignorieren.

Angelika: Wenn ihr das anerkennt – warum zeigt ihr es dann nicht? Wenn wir jetzt über kulturelle Aneignung reden, dann müssen wir doch zur Kenntnis nehmen, dass die meisten Leute nur sehr wenig darüber wissen und auch nichts hinterfragen. Nach einer gängigen Definition bedeutet kulturelle Aneignung, dass Teile der Kultur marginalisierter Gruppen von der Mehrheitsgesellschaft ohne Kontext kopiert und diese so von ihr angeeignet werden. Nur wenige Menschen überdenken ihren Konsum von Kulturgütern wie Tanz, Musik, aber auch Mode und Kunst im weitesten Sinne. Allein wegen der deutschen Geschichte und der Kolonialvergangenheit ist es wichtig, dass das geschieht.

Ich habe das Gefühl, dass gerade Menschen, die sich noch nie mit Rassismus auseinandergesetzt haben, das ins Lächerliche ziehen. Zum Beispiel hätte man bei der Frage nach den Dreadlocks eine Person of Colour um Rat bitten können.

Daniel: Aber selbst bei Fridays for Future bestimmen im Wesentlichen die Weißen, was gemacht wird und was nicht. Und wenn sich eine deutsche Sängerin ihre blonden Haare zu Dreadlocks aufrollt, dann ist das ihre Entscheidung. So etwas als kulturelle Aneignung zu geißeln und ihr deshalb einen Auftritt zu verbieten, steht für mich in keinem Verhältnis zueinander. Und oft genug befinden dann Menschen über solche Fragen, die davon in Wahrheit wenig Ahnung oder zumindest ein sehr lückenhaftes Wissen haben. Auf welcher Grundlage maßen die sich solche Urteile an? Es muss in jedermanns Belieben stehen, wie er sich die Haare frisiert. Dreadlocks werden in Afrika und der Karibik getragen – diese großen Regionen sind in meinen Augen auch keine »marginalisierte Kultur«, und so würden sich die Menschen dort wohl auch nicht einschätzen. Außerdem habe ich noch nie gehört, dass sich jemand darüber aufgeregt hat, dass die asiatischen Besucher des Münchner Oktoberfestes bayerische Trachten anziehen.

Man muss nicht Betroffener sein, um über ein Thema sprechen zu können. Aber diese Debatte führt uns zum nächsten Punkt. Umfragen zeigen, dass immer mehr Menschen das Gefühl haben, nicht mehr offen ihre Meinung äußern zu dürfen, weil sie fürchten, etwas zu sagen, das als unkorrekt oder gar falsch gilt.

Angelika: Zum Beispiel?

Daniel: Einer der Punkte, der immer wieder für Diskussionen, Anfeindungen und Shitstorms sorgt, betrifft die Frage, ob man Probleme im Zusammenhang mit Migration offen ansprechen darf. Erinnere dich an die Diskussion nach der Kölner Silvesternacht oder an die regelmäßigen Ausschreitungen zu Silvester in Berlin. Es traut sich auch kaum noch jemand, den Zusammenhang von Migrationshintergrund und bestimmten Delikt-Typen anzusprechen, allen voran Rauschgiftdelikte oder im weitesten Sinne Sozialbetrug. Ich glaube, wenn man das nicht mehr offen diskutieren kann, dann bekommt eine wachsende Mehrheit das Gefühl, dass gewisse Themen von einer kulturellen Elite weggedrängt werden. Dieses Gefühl darf man nicht entstehen lassen, denn das ist die beste Munition für die AfD.

Angelika: Meiner Ansicht nach ist keines dieser Themen so richtig tabu. Ich frage mich auch, wieso du jetzt einen Schlenker auf das Thema Migration machen musst. Das beobachte ich sehr oft bei eurer Generation, da wird alles auf eine bestimmte Gruppe von Menschen bezogen, die für alles verantwortlich gemacht wird. Merkt ihr eigentlich, dass das polarisiert? Ich muss jetzt noch mal auf Herrn Merz zurückkommen. Der spricht in Talkshows ja auch gern über Migrant*innen. Über die kleinen »Paschas« oder darüber, dass sich die Geflüchteten auf Kosten des Staates die Zähne machen lassen. Findest du das in Ordnung?

Daniel: Und ich bemerke bei euch, dass ihr vor allem die Augen vor dem verschließt, was nicht in das von euch bevorzugte heile und linke Weltbild passt. Geh mal in Berlin-Kreuzberg oder in Neukölln an eine normale Schule, wo die überwiegende Zahl der Schülerinnen und Schüler einen Migrationshintergrund haben. Viele Lehrende, vor allem Lehrerinnen, klagen dort darüber, dass ihnen von Jungs aus dem türkischen oder arabischen Raum der notwendige Respekt versagt wird. Nach dem Motto, von einer Frau lasse ich mir nichts sagen. Darüber muss man doch reden können – allerdings sachlich und nicht pauschal. Das gilt auch für die Frage der Sozialkosten. Es ist leider so, dass viele Geflüchtete oder Menschen, die hier Asyl beantragen, aus Ländern kommen, in denen die Medizin nicht so gut ist wie bei uns. Natürlich müssen akute Erkrankungen dieser Menschen behandelt werden. Aber es gibt Grenzen, schließlich muss das alles bezahlt werden. Den allermeisten Antragstellern wird kein Asyl gewährt, weil sie in ihren Heimatländern nicht verfolgt werden. Aus ihrer Sicht ist es nachvollziehbar, nach Deutschland zu kommen, aber das bedeutet doch noch lange nicht, dass gleich eine medizinische Vollversorgung für alle Einreisenden gewährleistet werden muss. Über die Grenzen des Sozialstaats muss man reden können, das gilt für In- wie für Ausländer. Ich frage mich, warum es als »unsozial« gebrandmarkt wird, wenn man daran erinnert, dass die Hilfe der Gemeinschaft nur dann erfolgen soll, wenn sich die Empfänger selbst nicht mehr zu helfen wissen – und nicht vorher.

Angelika: Ich glaube, du spielst hier auf die Zahnarzt-Debatte an, die Friedrich Merz 2023 auf die Agenda brachte, als er sagte: »Die sitzen beim Arzt und lassen sich die Zähne neu machen, und die deutschen Bürger nebendran kriegen keine Termine.« Solche Aussagen sind reiner Populismus, es gibt absolut keine Grundlage dafür. Selbst die Bundeszahnärztekammer hat danach in der *Wirtschaftswoche* gesagt, dass diese Aussage nicht stimmt und gar nicht geht. Du pauschalisierst und stereotypisierst gerade Menschen mit Migrationshintergrund. Außerdem, selbst wenn es so wäre: Wie kann man jemandem medizinische Hilfe verweigern? Ich halte das für höchst ignorant. Wahrscheinlich hast du auch ein Problem damit, wenn Fluchtsuchende Bürgergeld empfangen?

Daniel: Warum bekommen die Flüchtlinge aus der Ukraine Bürgergeld und die anderen Flüchtlinge wesentlich weniger Hilfen aus dem Asylbewerberleistungsgesetz? Wir haben inzwischen mehr als fünf Millionen Bürgergeldbezieher – rund die Hälfte davon Ausländer. Wir brauchen die Einwanderung von Menschen nach Deutschland, aber von Menschen, die arbeiten, sich selbst ernähren und die in die Sozialsysteme dieses Landes einzahlen. Eine Einwanderung direkt in die Sozialsysteme können wir auf Dauer nicht hinnehmen – weder finanziell noch politisch. Lass mich nur noch eine Zahl nennen: Von den Syrern, die infolge des Bürgerkriegs 2016 nach Deutschland gekommen sind, haben gerade einmal etwas mehr als die Hälfte eine Arbeit, alle anderen leben von Sozialhilfe. Die haben es in sechs Jahren nicht geschafft, sich einen Job zu besorgen. Und das, wo überall Arbeitskräfte gesucht werden, auch für einfache Arbeiten, bei denen man nicht viel Deutsch können muss. Das ist nicht gut, weder für das Sozialsystem noch für die Betroffenen selbst. Wenn wir das einfach immer weiter hinnehmen und nicht kritisch besprechen können, was man dagegen tun kann, leisten wir nur der AfD Vorschub. Man darf keine Diskursräume verschließen. Wenn man Probleme ignoriert oder eine Art diskursiven Schutzzaun um sie zieht, werden sie immer größer, auch in ihrer gesellschaftlichen und politischen Dimension. Und wie gesagt ist das dann leider schnell willkommener Zündstoff für die AfD.

Angelika: Antithese: Ich würde sagen, es ist Zündstoff für die AfD, wenn man ständig die Herkunft eines Menschen erwähnt, vor allem wenn es um die Berichte zu Kriminalfällen geht. Dann entsteht erst recht dieses Bild in den Köpfen der Menschen, dass bestimmte Gruppen angeblich an allem schuld sind. Vielleicht sollte man einmal eine Sekunde darüber nachdenken, was manche Aussagen auslösen und wie schnell von einem Einzelfall auf eine ganze Gruppe geschlossen wird.

Daniel: Das betrifft die Diskussion, ob bei einer Berichterstattung über Kriminalfälle die Nationalität genannt werden darf oder nicht.

Angelika: Genau. Aber das ist ja genau dieser Zusammenhang von Migration und Kriminalität. Das willst du ja in einen Zusammenhang bringen.

Daniel: Nein, ich sage, es gibt in bestimmten Deliktsbereichen diese Zusammenhänge, und man sollte das nicht aus falscher Rücksicht totschweigen. Und zur medialen Behandlung von Kriminalfällen gilt die Regel, dass die Zugehörigkeit der Verdächtigen oder der Täter nur dann genannt werden darf, wenn es für das Verständnis des berichteten Vorgangs einen begründbaren Sachzusammenhang gibt. Das bedeutet in der Praxis, dass Nationalität oder religiöse Zugehörigkeit nur selten genannt werden.

Angelika: Man muss immer im Hinterkopf haben, mit wem man spricht und was das auslösen kann. Als der Ukraine-Krieg ausbrach, kam es innerhalb meiner Familie zu einigen Anfeindungen. Die Russinnen und Russen und auch die hier lebenden Russlanddeutschen wie meine Eltern wurden für den Krieg verantwortlich gemacht. Dabei ist bei uns der Migrationshintergrund noch nicht einmal offensichtlich. Trotzdem wurde mein Opa sogar im Fitnessstudio angefeindet. Und ich habe auf einer Hochzeitsfeier eine Reihe blöder Kommentare bekommen. Ganz oft machen Menschen einen russischen Akzent nach, wenn sie mit mir reden, weil sie denken, das ist witzig. Ich finde das low key rassistisch. Was ich damit sagen will: Medien und die Art, wie wir über Dinge sprechen, setzen Bilder in unseren Köpfen fest, die nicht mehr hinterfragt, sondern ständig weitergetragen werden. Indem man sagt »Die Russen«, »Die Araber«, »Die Türken«, schafft man Schubladendenken. Man muss einen Weg finden, darüber zu sprechen, ohne dass es dazu führt.

Daniel: Über einen Mittelweg bin ich bereit zu sprechen.

Man muss auch nicht immer mit dem Finger auf bestimmte Leute zeigen. Das meine ich nicht. Mir geht es eher darum, dass Dinge aus falscher Rücksicht verschwiegen werden und dass man gewisse Probleme einfach nicht mehr beim Namen nennt. Aber wir haben ja noch ein Thema.

Angelika: Stimmt, und da mache ich jetzt mal den Anfang für das nächste Thema, das für genauso viel Streit innerhalb der Gesellschaft und der Generationen führt, nämlich das Gendern. Wahrscheinlich ist unseren Leser*innen schon aufgefallen, dass ich gendere und du nicht. Vielleicht ist das jetzt auch ein guter Moment, um zu sagen, dass die meisten Menschen, die gendern, das nicht unbedingt jedem anderen aufzwingen wollen. Markus Söder dagegen hat ein Genderverbot durchgesetzt, und das finde ich erbärmlich. In Bayerns Schulen, Hochschulen und Behörden ist die Verwendung geschlechtersensibler Gendersprache ausdrücklich verboten. Seine Angst vor so einem Sprechverbot ist so groß, dass er selbst eins auferlegt.

Daniel: Moment mal. Söder hat den Umstand angesprochen, dass im öffentlich-rechtlichen Rundfunk von einer Reihe von Leuten gegendert wird und er der Meinung ist, dass das nicht geht. Ich bin auch der Meinung, dass das nicht einfach so geht. Das ist in diesem Medium keine Privatsache einiger Redakteure oder Intendanten. Erstens ist Gendern vor allem im Radio kaum zu ertragen, wenn jeder Begriff durchgegendert wird. Darunter leidet gerade beim Hören die Verständlichkeit enorm. Und zum Zweiten entspricht es eben auch nicht der deutschen Sprache, so wie sie im Duden steht und von einer überwiegenden Mehrheit in unserem Land gesprochen wird.

Und es ist meiner Meinung nach auch nicht hinnehmbar,

dass an öffentlichen Schulen und Universitäten das Gendern in schriftlichen Arbeiten vorgeschrieben und bei Nichtbefolgung sogar mit Punkteabzug sanktioniert wird. Zum Glück haben jetzt einige Gerichte entschieden, dass das nicht geht. Es gibt keinerlei Rechtsgrundlage dafür, dass Universitäten, einzelne Verwaltungen, öffentlich-rechtliche Rundfunkanstalten oder andere Körperschaften des öffentlichen Rechts, die von Gebühren und Steuergeldern der Bürger leben, für sich ein Sondergesetz zum Umgang mit der deutschen Sprache schaffen. Du kannst heute praktisch keinen wissenschaftlichen Aufsatz mehr veröffentlichen, wenn du nicht genderst. Das geht nicht, weil man damit den Wissenschaftlern, die nicht gendern wollen und das mit guten Gründen ablehnen, eine andere Sprachform aufzwingt. Jeder Privatmann kann gendern, wie er will. Da habe ich überhaupt nichts dagegen. Aber nicht in öffentlichen Einrichtungen frei nach dem Geschmack einiger Hochschulrektoren, Professoren, Intendanten oder anderer Führungskräfte. Auch für die gilt immer noch der Duden.

Angelika: Gerade in öffentlichen Einrichtungen finde ich es wichtig zu gendern. Es heißt oft, dass wir mit dem Gendern die deutsche Sprache versauen, weil es so fürchterlich klingt. Dabei wird oft vergessen, dass die Sprache sich im steten Wandel befindet. Das war immer schon so, und daran könnte man sich doch irgendwann gewöhnen. Ich habe mich daran gewöhnt und hör das gar nicht mehr.

Daniel: Ja, aber die überwiegende Mehrzahl der Leute hat sich eben noch nicht daran gewöhnt, und sie macht es auch nicht. Der Wandel der deutschen Sprache vollzieht sich eben nicht durch Anweisung oder durch das von oben herab angeordnete Gendern, sondern das geht nur allmählich. Solche Veränderungen gehen erst dann in den allgemeinen Sprachgebrauch über, wenn sie mehrheitlich akzeptiert sind – und das bedeutet auch von einer Mehrheit gesprochen werden.

Angelika: Also erst mal schön, dass dich das nicht stört, wenn das einige Leute machen – sehr großzügig! Aber irgendjemand muss den ersten Schritt machen. Und ich finde es gut, wenn das dann zum Beispiel in öffentlichen Ämtern passiert. Frauen werden in der deutschen Sprache diskriminiert, und ich persönlich fühle mich auch oft nicht angesprochen, wenn ich das generische Maskulinum lese. Sprache erzeugt Bilder im Kopf. Psycholinguistische Studien zeigen, dass sich die meisten Menschen bei der Verwendung des generischen Maskulinums einen Mann vorstellen. Das ist ein simpler natürlicher Prozess, der im Kopf abläuft und der die Art beeinflusst, wie wir schreiben und sprechen. Etwa im beruflichen Kontext, zum Beispiel bei Stellenanzeigen, die im generischen Maskulinum verfasst sind.

Daniel: In Stellenanzeigen findet man schon lange den Hinweis »männlich, weiblich, divers«. Eine andere Formulierung existiert praktisch nicht mehr – und das finde ich auch gut.

Angelika: Aber alles davor männlich formuliert.

Daniel: Ja, das ist richtig. Man sieht aber doch an diesem Beispiel, dass sich Dinge verändern – zum Positiven. Aber eben nicht ruckartig.

Angelika: Noch ein Wort zum Thema Gendersternchen. Es gibt ja verschiedene Arten zu gendern, und diese Sprechpause beim Gendersternchen inkludiert dann außerdem noch Menschen, die sich weder mit dem weiblichen und dem männlichen Geschlecht zuordnen. Also um das vielleicht auch einmal abschließend zu betrachten: Ich glaube auch, es wäre naiv zu denken, dass Gendern flächendeckend zu mehr Gleichberechtigung führen wird. Sprache formt aber am Ende mit, wie wir die Welt wahrnehmen. Mit dem Gendern gehen wir den ersten Schritt, um einen Wandel anzustoßen und Frauen mehr in das alltägliche Sprachbewusstsein zu heben. Meiner Meinung nach ist das auch sehr wichtig für heranwachsende Mädchen.

Daniel: Das mag ja sein, ich denke sogar, dass du richtigliegst. Aber man darf doch die Realität nicht vergessen. Schau mal, wir sind doch beide Journalisten, und wir wissen, dass alle großen Magazine und Zeitungen in Deutschland, auch die eher linken Blätter, bewusst nicht gendern. Das hat einen Grund: Die vermeiden das, weil sie einen Proteststurm der Leser befürchten und zahlreiche Kündigungen. Die allermeisten lehnen das Gendern halt ab, das ist so, auch wenn es dir nicht passt.

Angelika: Vielleicht haben ja auch viele einfach nur Angst vor einem Wandel. Ich würde es niemals jemandem aufzwingen. Ich würde auch nie zu meinen Eltern gehen und sagen: »Bitte ab sofort gendern.« Und ja, du hast recht: Wir dürfen in unserem Magazin, der *Wirtschaftswoche*, nicht gendern, obwohl einige der Jüngeren in der Redaktion das gern wollen. Ich habe es aber einmal versucht und in einem Satz das generische Femininum benutzt. Das heißt konkret, ich habe von »Lehrerinnen und Pflegerinnen« geschrieben. Es ging in diesem Artikel um Jobs, die größtenteils von Frauen ausgeübt werden. Daraufhin habe ich sehr viele Hater, also E-Mails von wütenden Männern bekommen. Die haben mir geschrieben, dass sie sich nicht angesprochen fühlen durch meinen Artikel. Und dann dachte ich: Ach was, wirklich?

Daniel: Da hast du einen Punkt! Und unsere Sprache wandelt sich ja auch. Heute werden viel öfter beide Formen gebraucht, man sagt also »Bewerberinnen und Bewerber«. Man formuliert Annoncen und Stellenanzeigen heute ganz anders als noch vor wenigen Jahren. Wobei es zum Beispiel den technischen Unternehmen immer noch nicht gelingt, genug Frauen als Ingenieurinnen oder Informatikerinnen oder IT-Expertinnen zu gewinnen. Das Gendern in der Stellenanzeige allein macht es also nicht, aber natürlich ist es richtig, heute offen zu formulieren.

Angelika: Der Frauenmangel in MINT-Berufen, also im mathematisch-technischen Bereich, liegt vielleicht auch daran, dass sich nur wenige Frauen trauen, solche beruflichen Männerdomänen zu betreten. Zum Glück brauchen die Unternehmen inzwischen gut ausgebildete Frauen, ohne uns können die einpacken.

Daniel: Ich stimme dir zu.

Angelika: Um das Ganze abzuschließen: Verschließt euch nicht vor dem Wandel, hört uns jungen Menschen zu und gebt progressiven Ideen Raum. Keine Widerrede mehr! Denk mal darüber nach!

Daniel: Mache ich, versprochen!

KAPITEL 8

Resilienz –
Generation unglücklich?

Nach den jährlichen Erhebungen der Studie »Jugend in Deutsch-land« blickt die junge Generation heute so düster wie nie zuvor in die Zukunft. Mehr als die Hälfte der Befragten klagt aktuell über psychische Belastungen wie Stress, ein Drittel über Erschöp-fung und 17 Prozent über ein Gefühl von Hilflosigkeit. Elf Pro-zent geben an, wegen mentaler Störungen in Behandlung zu sein. Experten führen das Ansteigen dieser Zahlen auf die Folgen der Pandemie zurück. Vereinsamung und Verunsicherung sind be-sonders häufig bei jungen Menschen anzutreffen. Nach einer Stu-die des Zukunftsinstituts verstärken sich ein schwach ausgepräg-tes Selbstwertgefühl und eine hohe Mediennutzungszeit noch gegenseitig und verringern die direkte soziale Interaktion.

Daniel: In diesem Kapitel wollen wir der Frage nachgehen, warum die Generation der jungen Menschen heute offenbar wesentlich unglücklicher ist als die Generation ihrer Eltern. Laut Studien von UNICEF und dem Deutschen Kinder-hilfswerk aus dem Jahr 2020 berichtet jedes vierte Kind in Deutschland von depressiven Symptomen und Schwierig-keiten, Freunde zu finden. Die Corona-Pandemie hat diese Misere noch weiter verschärft. Warum ist das so? Ist die Generation einfach zu empfindlich und zu verwöhnt? Oder sind die Boomer und die Generation ihrer Eltern zu streng, zu harsch und haben kein Verständnis für die Jungen? Ich beobachte bei der Generation Z eine geringere Kritikfähigkeit, häufig gepaart mit dem Unwillen, Regeln und Konventionen zu akzeptieren. Daher rührt oft eine gewisse Spannung zwischen den Generationen.

Ich will mir das nicht zu eigen machen, aber die *Bild*-Zeitung hat das mal sehr plakativ mit der Überschrift »Generation Jammerlappen« zusammengefasst. Der Soziologe Rüdiger Maas bezeichnet die junge Generation in seinem Buch *Generation arbeitsunfähig* sogar als »lebensunfähig«. Er erklärt das damit, dass unter anderem die Eltern versagt haben, weil sie mit aller Macht versucht haben, die Zufriedenheit ihrer Kinder zu gewährleisten und deren Leben zu organisieren, anstatt ihnen die Chance zu geben, ihr Glück selbst zu entdecken. Durch die ständige Bespaßung und Unterhaltung müssen Kinder heute keine Langeweile mehr aushalten. Sie müssen nicht mehr geduldig bis 20 Uhr auf einen Film warten, sondern können ihn jederzeit online abrufen. Maas behandelt auch die mangelnde oder deutlich geringere Frustrationstoleranz bei vielen Menschen, was auch in Studien immer wieder angesprochen und bestätigt wird.

Angelika: Lebensunfähig? Das ist auf demselben Niveau wie die *Bild*-Zeile. Das ist absolut überdramatisiert und überzogen. Dafür spiegelt es, glaube ich, ganz gut wider, welchen Eindruck ältere Generationen von uns haben, und ich würde gern mit diesen Vorurteilen aufräumen. Ich kann mir vorstellen, dass die Gen Z nicht die erste Generation ist, der das von Älteren an den Kopf geworfen wird, einfach weil das Leben in vielen Aspekten über die Jahrzehnte einfacher wurde. Wahrscheinlich haben das deine Eltern auch über dich gedacht, immerhin hast du im Gegensatz zu ihnen keinen Krieg miterlebt.

Trotzdem würde ich sagen, dass wir als Digital Natives Stress und psychischem Druck ganz anders ausgesetzt sind als je eine Generation zuvor. Die Welt ist durch das ständige Online-Sein komplexer geworden, darüber haben wir schon gesprochen. Unsere Social-Media-Feeds sind voll von schlechten Nachrichten, denen wir 24/7 ausgesetzt sind. Im Minutentakt schicken uns Apps Push-Nachrichten von den schlimmsten Neuigkeiten der Welt direkt in unsere Hosentaschen. Das zu umgehen ist nicht so einfach. Diese Dauerpräsenz von schlechten Nachrichten führt mitunter zu einem Gefühl der Ohnmacht, die Last der Welt und die schrecklichen Dinge, die um uns herum passieren, sind immer greifbar, und in den meisten Fällen sind wir absolut machtlos dagegen.

Für mich ist 2015 ein Schlüsseljahr dafür. Ich war damals 18 Jahre alt, habe gerade angefangen zu studieren, jede*r hatte schon ein Smartphone, der Nachrichtenkonsum wurde irgendwie intensiver und vor allem regelmäßiger. Außerdem rollte in diesem Jahr die »Flüchtlingskrise« auf Deutschland und Europa zu – die Entmenschlichung von Geflüchteten, brennende Zelte in Moria und ertrinkende Menschen im Mittelmeer, während bei uns die AfD ihre erste Glanzzeit erlebte. Das alles gehörte zum Alltag wie der tägliche Kaffee. Fünf Jahre später kam Corona, dann der Ukraine-Krieg und anderthalb Jahre später der Krieg in Nahost. Plötzlich spricht man wieder von einer Wehrpflicht, von Atomwaffen und Bunkern. Nicht zu vergessen der dauerhaft präsente Klimawandel.

Daniel: Es gab schon immer viele schlechte Nachrichten

in dieser Welt und das Gefühl, dass die Welt sich auf bedrohliche Weise wandelt und dass die Dinge sich zum Nachteil der Menschen verändern. In den 1970er-Jahren gab es die Diskussion um das Wettrüsten. Jede Woche sahen wir in der Zeitung Statistiken darüber, welcher Staat wie viele Atomwaffen besitzt und in welchem Ausmaß diese Waffen die Bundesrepublik oder Europa zerstören könnten. Also der nackte Wahnsinn. Diese Aufrüstung, auf der damals die Abschreckung beruhte, war uns sehr präsent. Es gab Filme wie *The Day After*, die auf sehr krasse Weise beschrieben haben, was passieren würde, wenn einer der beiden Präsidenten, in der damaligen Sowjetunion oder in den USA, auf den roten Knopf drücken und das Leben im jeweils anderen Land auslöschen würde. Die Angst vor einem Atomkrieg war absolut real, genauso wie der Klimawandel. Wir sahen Wälder sterben und verschmutzte Flüsse, in denen tote Fische schwammen. Daraus haben sich Umweltbewegungen und letztendlich sogar die Grünen entwickelt. Dazu wäre es nicht gekommen, wenn das nicht ein Thema gewesen wäre, das uns zutiefst berührte.

Also ich würde sagen, dass wir das Gefühl einer sich bedrohlich verändernden Welt und das Problem, schlechten Nachrichten ausgesetzt zu sein, auch schon hatten. Das ist in eurer Generation nicht besonders krass oder schlimm. Was vielleicht anders ist, ist die Tatsache, dass der Eindruck durch das Internet und die vielen Bilder in den sozialen Medien noch unmittelbarer ist, das gebe ich gern zu.

Angelika: Das will ich nicht abstreiten und euch das Gefühl der Angst auch nicht absprechen, ich will auch keinen Wettbewerb darüber entstehen lassen, wer es mit einer schlimmeren Welt zu tun hatte. Ich habe Geschichte studiert, ich weiß ganz genau, was in diesen Jahren in der Welt abging und dass sie nicht nur aus Blumen und Hippies bestand. Aber wie du schon sagst, ihr wart dem auf einem ganz anderen Level ausgesetzt als wir. Euer Nachrichtenkonsum war um einiges bewusster: Ihr habt für euch entschieden, dass es Zeit für Nachrichten ist, weil ihr den Fernseher oder das Radio eingeschaltet oder die Zeitung in die Hand genommen habt. Genauso konntet ihr die Zeitung einfach wieder aus der Hand legen oder sie an einem Tag nicht lesen. Die amerikanische Psychologin Dr. Nicole LePera erklärt, dass unser Nervensystem gar nicht dafür ausgebildet ist, zu wissen, was in jeder Ecke dieser Welt passiert, und dass wir diese Masse an Informationen gar nicht bewältigen können. Sich dem zu entziehen ist aber noch schwerer.

Nehmen wir zum Beispiel Corona, eine Zeit, in der uns allen krass bewusst wurde, welche große Rolle Medien in Krisensituationen spielen. Die ganzen Verschwörungsfantasien und merkwürdigen Telegram-Gruppen einmal beiseitegelassen, konnten wir jeden Schritt, jede Diskussion, jede Mutmaßung, jedes Leid im Internet verfolgen. Ich erinnere mich daran, wie ich jeden Morgen aufgewacht bin und meinen beiden Mitbewohnerinnen die aktuelle Inzidenz in unseren WG-Chat geschickt habe, weil wir auf einen schönen Sommer in Berlin gehofft haben, wo wir alle gerade für ein Praktikum hingezogen waren. Für Monate war es das Erste, woran ich morgens gedacht habe.

Daniel: Es war natürlich so, dass die Corona-Krise für alle schlimm war, besonders aber für zwei Gruppen: Das waren die alten Leute, die isoliert zu Hause oder in Seniorenheimen saßen und denen in ihren letzten Jahren der Kontakt zur Familie untersagt wurde; und das waren auch die jungen Leute, denen prägende Jahre gestohlen worden sind.

Angelika: Ich kann nicht für Senior*innen sprechen, diese Einsamkeit muss wirklich schlimm gewesen sein. Ebenso für Eltern, die neben der Arbeit ihre Kinder zu Hause unterrichten mussten.

Aber zurück zu den Jugendlichen und Anfang-20-Jährigen: Studien haben nachgewiesen, dass die junge Generation die hauptleidtragende dieser Krise war. Wir haben Abi-Bälle verpasst, konnten Geburtstage nicht feiern, saßen vor unseren Laptops anstatt neben unseren Mitschüler*innen und Kommiliton*innen, mussten unsere Hobbys aufgeben und wurden viel tiefer in die digitale Welt und die digitale Abgeschiedenheit gezogen. Viele junge Menschen waren zum ersten Mal mit einer großen Einsamkeit konfrontiert. Nicht nur das, dazu kamen die finanziellen Folgen, mit denen wir allein gelassen wurden. Viele von uns haben auf Minijob-Basis gearbeitet, wobei man keinen Anspruch auf Kurzarbeitergeld oder Arbeitslosengeld hatte. Im Gegenteil gehörte man so zu der Gruppe, die als Erstes aus einem Betrieb aussortiert wurde. Die Zuschüsse der Regierung kamen viel zu spät bei uns an. Ich hatte damals noch Glück, weil ich schon bei uns in der Redaktion als Werkstudentin gearbeitet habe und wir mehr zu tun hatten denn je, aber viele meiner Freund*innen konnten in der Zeit nicht arbeiten gehen, einige mussten zurück zu ihren Eltern ziehen, weil sie sich ihre WG-Zimmer nicht mehr leisten konnten.

Wie hast du das denn damals erlebt?

Daniel: Für mich war es deutlich anders als für die überwiegende Mehrheit der Bevölkerung. Wie alle anderen Arbeitnehmer wurden wir Journalisten auch gezwungen, die Redaktion zu räumen, unsere Computer mit nach Hause zu nehmen und von dort zu arbeiten. Wir mussten uns dann wie alle Arbeitnehmer in Deutschland und der ganzen Welt auf mobiles Arbeiten umstellen. Anfangs war es schon stressig, vor allen Dingen wegen des komplexen Workflows in einer Magazin-Redaktion, aber ehrlich gesagt habe ich mich auch ein bisschen gefreut: Der Arbeitsweg fiel weg, und die vielen Konferenzen, die manchmal sehr lästig wurden, waren deutlich kürzer und effizienter. Und ich habe es genossen, in Ruhe zu Hause zu arbeiten und nicht in einer lärmenden Redaktion zu sitzen, wo ständig Leute redeten, Fernseher liefen und Telefone klingelten.

Privat war es für mich wie für alle anderen auch schwierig, weil man natürlich Freunde und Familienmitglieder nicht mehr treffen und nur telefonisch Kontakt halten konnte. Es tat mir vor allem für meine Eltern leid, und ich habe mit großer Betroffenheit gesehen, wie Menschen in ihren letzten Lebensjahren um ihre Familien, ihre Kinder und ihre Enkel gebracht worden sind. Das war eine schreckliche Sache. Mir haben auch meine Söhne leidgetan, die ihre Praktika in ihrem Studentenzimmer vor aufgeklappten Laptops absolvieren mussten. Wenn man das vergleicht, würde ich sagen, dass meine Generation nicht so hart von den Beschränkungen getroffen wurde.

Angelika: Ich habe in der Zeit auch zwei Praktika gemacht. Niemand konnte sich so richtig um einen kümmern, man saß zu Hause und musste sich in einem völlig neuen System zurechtfinden, während einem gesagt wurde, wie toll das Praktikum gewesen wäre, wenn es nicht unter Corona-Umständen stattgefunden hätte. Das war oft frustrierend.

Daniel: Das glaube ich gern. Und ich kann auch verstehen, dass es in der jungen Generation Spuren hinterlassen und zu diesem Label »Generation unglücklich« beigetragen hat. Euch wurde viel genommen, vor allem bei den Übergängen von der Schule zur Uni oder Ausbildung. Trotzdem finde ich es als Erklärung für eine doch vergleichsweise schwache Resilienz in dieser Generation zu wenig.

Angelika: Wie kann das zu wenig sein? Müssen wir uns dafür entschuldigen und rechtfertigen, dass wir nicht so sind, wie ihr uns gern hättet? Die Corona-Krise dauerte nicht ein paar Monate, es waren fast zwei Jahre, in denen wir nichts machen konnten, in denen uns dieses Hochgefühl und die Vorfreude auf alles, was in unseren jungen Zwanzigern möglich gewesen wäre, genommen wurde.

Außerdem ist es nicht so, dass die Welt wieder ein besserer Ort wurde, nachdem Corona aufgehört hat. Im März 2022 marschierten russische Soldaten in die Ukraine ein. Ein Krieg war uns noch nie so nah. An dem Morgen wollten meine Eltern für einen Ski-Trip in die Ukraine fliegen und saßen am Flughafen in Brüssel, die Koffer waren schon im Flieger. Ich bin morgens aufgewacht und habe das »MoMa« eingeschaltet, wo ich diese Nachricht zum ersten Mal hörte, und panisch nach meinem Handy gegriffen, um meine Eltern anzurufen. Zum Glück wurde eine Stunde vor Abflug der Luftraum geschlossen, und sie konnten die Reise nicht antreten. Das war echt heftig. Und natürlich waren alle Informationen direkt abrufbar.

Das geht auch über die Berichterstattung durch Journalist*innen hinaus. Wir wurden von vielen Betroffenen auf TikTok und Instagram durch Bilder und Videos mitgenommen, die Schicksale waren und sind ganz nah. Und natürlich resultierten aus dem Krieg nicht nur Bilder auf unserem Handy, sondern auch eine steigende Inflation sowie Energie- und Mietkosten.

Daniel: Die Inflation war schon mal höher als heute, sie lag in den 1970er- und 1980er-Jahren im Durchschnitt bei rund vier Prozent.

Angelika: Und das macht die letzte Inflationswelle weniger schlimm?

Daniel: Meinst du wirklich, die Inflation ist einer der Gründe dafür, dass sich heute so viele junge Leute in psychiatrische Behandlung begeben?

Angelika: Ich glaube, es gibt sehr viele Gründe dafür. Finanzielle Probleme können natürlich ein großer Treiber sein. Ein etwas allgemeinerer Grund ist aber, dass wir im Gegensatz zu euch offener mit unseren Problemen umgehen. Für uns ist es keine Schwäche mehr, eine Therapie zu machen, das größte Problem ist wohl eher der Mangel an Therapieplätzen. Wir wissen uns selbst zu helfen und wollen Traumata nicht in die nächste Generation weitertragen.

Daniel: Ich kenne Leute, die Therapie machen oder gemacht haben, auch Leute meines Alters. Als ich in deinem Alter war, war das aber die komplette Ausnahme. Unter meinen Studienfreunden kenne ich niemanden, der in Therapie war. Und es war auch nie Thema. Auch Studien zeigen, dass der Gang zum Psychiater heute wesentlich häufiger und leichter angetreten wird. Bei uns galt es früher noch als Schwäche, wenn man sich nicht selbst helfen konnte, sondern auf die Hilfe anderer Leute angewiesen war.

Allerdings glaube ich, dass es auch andere Gründe jenseits von Corona und unmittelbaren Angstgefühlen durch die Kriege dafür gibt, wieso es euch schlecht geht. Das habe ich eben auch schon versucht anzusprechen: Ihr seid anders erzogen worden. Es geht schon damit los, dass es viel mehr Ein-Kind-Familien gibt, aber dazu gehört auch das Phänomen der Helikopter-Eltern, die einen Schutzschirm über ihre Kinder errichten. Diese Eltern versuchen mit aller Macht, ihre Kinder glücklich zu machen. Das nimmt den Kindern Selbstständigkeit. Viele Kinder werden ständig gelobt, und wenn sie mal nicht gelobt werden, dann fühlen sie sich nicht richtig wahrgenommen. Das merkt man dann auch im Erwachsenenalter, zum Beispiel im Berufsleben oder an Universitäten. Die Fähigkeit, mit einer unvermeidlichen Kritik umzugehen, sinkt rapide ab bei euch. Ich glaube nicht, dass das dem Internet und Corona geschuldet ist. Es gibt eine einfache Gleichung dafür: Glück ist Realität minus Erwartung. Eure Erwartungen sind eben wesentlich höher, das habt ihr von euren Eltern eingeimpft bekommen.

Zum Vergleich: Die Umstände, unter denen wir Boomer groß geworden sind, waren viel schwieriger. Wir hatten immer schon allein aufgrund unserer hohen Anzahl viel mehr mit Konkurrenz zu kämpfen. Wir wurden nicht hofiert, man war einer von vielen und lebte damit, dass man Jobs nicht bekam, Praktika nicht bekam, dass jemand anderes besser war oder vorgezogen wurde. Wir haben noch viel, viel häufiger akzeptieren müssen, dass wir schon aufgrund der schieren Zahl nicht zum Zuge kommen. Und deshalb wurden wir natürlich auch viel häufiger übersehen und übergangen. Es gab für alles und jedes genug Interessenten, Bewerber, junge Leute. Das hat uns robuster gemacht. Wir mussten uns viel mehr mit Ablehnung und Kritik auseinandersetzen. Unsere Ausbilder und unsere Eltern waren aus der Nachkriegsgeneration und natürlich ganz anders sozialisiert, sie übten viel offener Kritik und waren deutlich harscher.

Niemand würde sich heute noch trauen, so mit jungen

Menschen umzugehen, wie es zu meiner Zeit war. Als ich damals Volontär war und immerhin schon mit einem Universitätsabschluss in die Redaktion kam, hat man mich erst mal in den Supermarkt geschickt, um eine Kiste Bier zu holen. Das ist nichts, was ich unterstütze oder mir zurückwünsche – aber es zeigt, womit wir damals zu kämpfen hatten und wie sich die Dinge verschoben haben. Heute gilt es schon gleich als Skandal, wenn die Praktikantin mal den Kaffee machen muss.

Und hier haben sich die Dinge verschoben: Es gibt eine schmale Balance der Harmonie. Dazu gehört eine vernünftige Ansprache und Würdigung auf der einen Seite, aber auch eine Kritikfähigkeit und Frustrationstoleranz auf der anderen Seite.

Angelika: Das hat sich definitiv verschoben. Ganz ehrlich, mir tut es in erster Linie leid, dass ihr in so einer Ellenbogengesellschaft aufgewachsen seid, in der man sich ständig profilieren musste. Und ich finde, das erklärt sehr viel von eurem Verhalten. Als ich dir gerade zugehört habe, dachte ich, dass das alles auch eine Sache der Darstellung ist. Nach deiner Erzählung klingt es so, als wäre es superschlimm und eine Schwäche, dass wir nicht mehr so resilient und robust sind. Ja, wir haben vielleicht teilweise mehr Liebe von unseren Eltern bekommen, sind unter Umständen behüteter aufgewachsen und mussten nicht mehr krampfhaft um Anerkennung kämpfen. Dafür haben wir gelernt, unsere Wünsche und Bedürfnisse auszusprechen und für uns selbst einzustehen. Und ja, wir müssen als Auszubildende oder Praktikant*innen (hoffentlich!) keine Bierkästen mehr für unsere Kolleg*innen kaufen – für mich ist das aber ein Zeichen dafür, dass wir uns jetzt mit gegenseitigem Respekt begegnen. Wir kommen, um etwas zu lernen, und dazu gehört nicht, wie eine Kaffeemaschine bedient wird.

Daniel: Man kann ja wohl mal einen Kaffee kochen.

Angelika: Klar, wenn das nicht die einzige Aufgabe ist und es auch andere mal übernehmen.

Daniel: Das sagst du so einfach. Es gibt Leute in deinem Alter, die sich gleich diskriminiert fühlen, wenn man sie fragt, ob sie mal ans Telefon gehen oder Kaffee kochen oder etwas kopieren können. Es existiert eben dieser schmale Grat zwischen Respekt, den jeder verlangen kann, also auch Volontäre und Praktikanten, und dem Anerkennen der eigenen Stellung und Lebenswirklichkeit. Und möglicherweise führt das dann auch mal dazu, dass man als Praktikant jemandem eine Dienstleistung erbringen muss. Und das beginnt mit Türen öffnen, kopieren oder anderen kleineren Besorgungen, die man erledigen soll.

Angelika: Aber wozu macht man denn dann das Praktikum? Man will doch das Berufsleben kennenlernen, das besteht nicht aus dummen Aufgaben.

Ich würde aber gern noch einen Punkt zu Ende bringen, die Darstellung unserer Unfähigkeit, Kritik einzustecken. Ich würde dir hier widersprechen. Wir haben als Generation einfach gelernt, wie man Kritik respektvoll und nicht abwertend rüberbringt. Zum Beispiel mit der Sandwichmethode: Man fängt mit etwas Gutem an, dann kommt die Kritik, und dann schließt man mit einer guten Sache. So wird einem trotzdem Wertschätzung entgegengebracht, und es hinterlässt auch ein gutes Gefühl. Wer liest lieber eine E-Mail, in der steht, was man alles schlecht gemacht hat, gepaart mit GROSSBUCH-STABEN und sechs Ausrufe- und Fragezeichen? Natürlich fühlt man sich angegriffen. Davon profitiert ihr übrigens auch.

Außerdem haben wir uns jetzt acht Kapitel lang gegenseitig kritisiert, ich bin ja auch noch nicht weinend davongelaufen.

Daniel: Das heißt also, dass der Konflikt zwischen den Generationen deiner Meinung nach etwas abgemildert werden kann, indem man Kritik nach der Sandwichmethode vorbringt, die Kritik also vorsichtig zwischen zwei Lobeshymnen legt?

Angelika: Das klingt jetzt etwas ironisch. Aber ich könnte ja zu dir sagen: Super, dass in eurer Generation die Grünen entstanden sind, nicht so gut, dass ihr die Umwelt zerstört, aber cool, dass ihr das Problem erkannt habt.

Daniel: Wenn wir Boomer an eines gewöhnt sind, dann an direkte und unverblümte Kritik.

Angelika: Was ich sagen will: Wir alle sind für ein gutes Miteinander und wollen die Welt zu einem besseren Ort machen. Dazu zählt natürlich nicht nur die Generation der Boomer, sondern alle anderen auch. Vor allem die sozialen Medien sind durch unsere Generation oft ein hartes Pflaster, und wenn wir alle anfangen, respektvoll miteinander zu sprechen, brauchen wir vielleicht auch nicht mehr so viele Therapieplätze. Und werden auch nicht als »Jammerlappen« beschimpft.

KAPITEL 9

Arbeit und Karriere –
der schmale Grat zwischen Übereifer
und Work-Life-Balance

Momentan gehören 14,5 Prozent der Beschäftigten in den Top-1000-Unternehmen und 13 Prozent in den IT-Firmen der Gen Z an. Nur jeder fünfte Kandidat sagt, er lebe, um zu arbeiten, die absolute Mehrheit hingegen will die Arbeit nicht über das Privatleben stellen. Über 90 Prozent der Gen Z meiden Arbeitgeber, die im Freundeskreis nicht empfohlen werden. Sie können wählerisch sein und Ansprüche stellen: Aufgrund des Fachkräftemangels machen sich einer Forsa-Umfrage zufolge 65 Prozent keine Sorgen um ihren Job; nach einer Studie des Netzwerks Xing weist die Gen Z die geringste Loyalität gegenüber ihrem Arbeitgeber auf. Mehr als ein Drittel denkt allein deshalb über einen Wechsel nach, weil sie sich berufliche Abwechslung wünschen.

Daniel: Die meisten Begegnungen zwischen Jungen und Alten finden heute bei der Arbeit statt. In manchen Unternehmen sind gleich vier verschiedene Generationen vertreten. Da fallen sehr schnell und deutlich die unterschiedlichen Denk- und Sichtweisen auf. Wir alle kennen die gegenseitigen Urteile und Vorurteile. Und vielleicht beginne ich deshalb mal mit ein paar Fragen: Was denkst du über eines der beliebtesten und hartnäckigsten Vorurteile gegenüber den Jungen, das besagt, ihr seid nicht sonderlich fleißig oder gar faul? Sehen die Alten das vielleicht falsch? Oder denkst du, dass die Boomer sich nur deshalb über die Jungen ärgern, weil sie neu ins Unternehmen kommen und gleich hohe Ansprüche stellen können? Glaubst du, es könnte auch einfach nur ein bisschen Neid im Spiel sein – weil die Älteren sehen, dass die Jüngeren vielleicht die bessere Work-Life-Balance hinbekommen als sie selbst? Anders gefragt: Ist Fleiß noch ein Ziel und ein Wert an sich, oder sind solche Kategorien heutzutage einfach überholt?

Angelika: Das waren sehr viele Fragen. Aber erst mal vorweg: Ich habe das Gefühl, dass gerade in der Berufsausübung große und ziemlich offensichtliche Generationenunterschiede bestehen. Ich bin jetzt seit zwei Jahren im Berufsleben und habe schon viele Situationen erlebt, in denen mir das aufgefallen ist, weil auch bei uns im Unternehmen alle Generationen vertreten sind.

Nun zu den Vorurteilen: Zum Glück wurde mir noch nie direkt ins Gesicht gesagt, ich sei faul oder arbeitsscheu. Ich glaube, das sind zwei Wörter, die vor allem medial aufgeladen werden und die mit irgendwelchen Studien belegt werden sollen. Natürlich sind wir nicht faul. Wenn wir faul wären, würden wir gar nicht arbeiten. Ich glaube, dass dieses Vorurteil daher rührt, dass wir in unserem Leben die Arbeit nicht mehr an die erste Stelle setzen.

Daniel: Faulheit ist natürlich ein sehr zugespitzter Vorwurf. Ich glaube, es geht eher darum, dass man bei den Jungen und ihrer Einstellung zum Beruf oft den Eindruck gewinnt, dass ihnen die Arbeit nicht mehr so wichtig ist und dass sie weniger bereit sind, für die Arbeit das Letzte zu geben. Es gibt diesen englischen Spruch, »running for the extra mile«. Der besagt, dass man immer noch einen drauflegen sollte, wenn man Karriere machen will. Diese Haltung ist den Älteren anerzogen worden, aber man findet sie bei den Jüngeren, vorsichtig gesagt, eher seltener.

Angelika: Dem würde ich zustimmen. Natürlich gibt es auch in meiner Generation genug Menschen, die extrem ambitioniert sind, sogenannte High Performer. Aber das ist sicher nicht der Mainstream, und das hat auch Gründe. Ich nehme jetzt mal mein eigenes Beispiel: In meiner gesamten Kindheit und Jugend hatte mein Vater immer zwei Jobs, er arbeitet auch heute noch unterm Strich locker zehn bis 13 Stunden am Tag. Ich habe meinen Vater noch nie unter der Woche abends auf der Couch liegen gesehen oder morgens mal ausschlafen, wenn er danach eine Spätschicht arbeitet. Ich kann an zwei Händen abzählen, wie oft er sich in 26 Jahren krankgemeldet hat. Das hat mich geprägt, nicht im positiven Sinne. Ich glaube, so geht es vielen von uns. Wir haben jahrelang unseren Eltern dabei zugeschaut, wie sie private Angelegenheiten für die Arbeit zurückgestellt haben, und haben festgestellt, dass dieses Leben nicht mehr unseren Vorstellungen entspricht. Wir leben nicht, um zu arbeiten, sondern arbeiten, um zu leben. Unsere Generation ist von einer großen Zukunftsangst geprägt, ausgelöst durch den Klimawandel, Kriege, einen Rechtsruck in der Gesellschaft und weitere schlechte Nachrichten. Wir wissen nicht, was in 20 Jahren sein wird – wollen wir bis dahin wirklich jeden Tag unentwegt schuften, wenn wir das Geld und das Standing, das wir dadurch bekommen, am Ende womöglich gar nicht nutzen können?

Das führt auch dazu, dass wir uns nicht mehr über unseren Job definieren. Ich bin genervt davon, wenn meine Eltern als Erstes fragen, was Freund*innen oder Partner*innen beruflich machen. Und wieso fragen Millennials auf Partys immer als Allererstes, was ich beruflich mache? Wen interessiert's! Frag mich, welche Musik ich gern höre, was ich in meiner Freizeit mache, was meine Lieblingseissorte ist. Versteh mich nicht falsch – ich liebe meinen Job, und ich bin sehr dankbar und froh, dass ich ihn habe, aber er macht nicht mein ganzes Leben aus und definiert nicht, wer ich bin.

Daniel: Ja, das ist wirklich eine andere Einstellung. Ich habe das auch an uns beiden schon einmal bemerkt, als wir vor ein paar Tagen einen gemeinsamen Termin für unser Buchprojekt hier gesucht haben. Erinnerst du dich? Obwohl die Suche nach gemeinsamen Terminen schon schwer genug war, hast du meinen Vorschlägen einmal nicht zugestimmt, weil du mit Freundinnen verabredet warst, ein anderes Mal wolltest du Sport machen. Freizeittermine über berufliche Termine zu stellen – so was wäre mir nie eingefallen. Das ist eine Art von Prioritätensetzung, die bei den Jungen an der Tagesordnung ist und die für mich und auch für viele in meinem Alter einfach fremd ist, weil wir darauf konditioniert worden sind, dass man sich im Beruf anstrengen muss. Wie bereits mehrfach angesprochen, mussten wir uns aufgrund der großen Zahl immer gegen viele andere Bewerber durchsetzen. Es gab immer mehr als genug Leute, die einen Job, den man selbst gern gehabt hätte, auch ins Auge gefasst hatten. Mit dieser Konkurrenz sind wir von klein auf groß geworden. Ich hatte mal einen Chef, der immer sagte: »Erst nach ›Ich kann nicht mehr‹ fängt Leistung an« – das ist die Einstellung, die wir als Boomer während unseres Berufslebens aufgesaugt haben. Natürlich arbeitet auch bei uns nicht jeder gern, und nicht jeder macht gern Überstunden. Es gibt genug Leute, die groß darin sind, mit wenig Arbeit durchs

Leben zu kommen. Aber generell ist die Sicht auf Arbeit eine andere.

Trotzdem haben die Boomer sich jahrzehntelang in ihrem Berufsleben angestrengt, um etwas zu erreichen, und sehen jetzt, dass die Jungen kommen, aufgrund der Demografie von den Personalabteilungen umworben werden und dort vom Start weg Ansprüche stellen, die wir wahrscheinlich erst nach zehn oder 20 Jahren gewagt hätten auszusprechen. Da schwingen dann ein bisschen Neid und Empörung mit, aber auch Kopfschütteln und Unverständnis. Das wird oft auch als dreist empfunden.

Angelika: Es ist keine Frage, dass wir von unserer Knappheit auf dem Arbeitsmarkt profitieren. Wir finden unter Umständen bessere Jobs, bei denen wir besser bezahlt werden und höhere Forderungen stellen können. Angefangen von Sabbaticals bis hin zu einer Vier-Tage-Woche und dem Anspruch auf Homeoffice. Es ist aber auch ein Startvorteil, für den wir nichts können. Wieso gönnt ihr uns das nicht einfach? Es ist doch schön, dass sich die Welt verändert und Lohnarbeit nicht mehr mit Ausbeutung gleichgesetzt wird. Außerdem machen wir mit unseren »hohen Ansprüchen« die Arbeitswelt für uns alle, also auch für euch, besser.

Nehmen wir das Thema Überstunden: Klar lässt sich das nicht immer vermeiden, aber am Ende arbeitest du in den meisten Fällen unbezahlt mehr. Eine Freundin hat mir letztens erzählt, auf wie viel Unverständnis sie bei der Arbeit gestoßen ist, als sie ihr Diensthandy nach Feierabend ausgemacht hat. Wir können doch nicht immer auf Abruf sein oder Zeit dafür haben, unsere Abende mit unbezahlter Arbeit zu füllen.

Daniel: In unserem Beruf mache ich auch viele Überstunden, ich bin zwei bis drei Mal die Woche bei Abendveranstaltungen, Hintergrundgesprächen, politischen Diskussionen oder anderen Einladungen, um mein Kontaktnetz zu erweitern. Da sind kaum junge Leute dabei, es sind meist ältere Kollegen.

Angelika: Das wundert mich nicht.

Daniel: Ich sehe ein, dass Arbeit nicht alles im Leben ist. Aber ich vermisse manchmal, gerade im Journalismus, den Stolz und das echte Interesse an diesem Beruf. Ich rede auch gern mit anderen Leuten über meinen Job. Meist natürlich nicht ungefragt. Aber ich werde als Journalist oft gebeten, aus meinem Alltag zu erzählen. Mein Beruf hat für mich eine große Stellung im Leben und ist nicht nur eine Sache, bei der ich in möglichst nur acht Stunden für möglichst viel Geld irgendwo sein muss. Die Jüngeren gehen da mit einem viel pragmatischerem Verhältnis ran, nur um eine Berufstätigkeit zu haben.

Angelika: Das heißt ja alles nicht, dass ich keinen Stolz oder echtes Interesse für meinen Beruf empfinde, das tue ich natürlich, und ich weiß auch, wie wichtig es ist, Netzwerke aufzubauen. Ich konnte schon einige Gesprächspartner*innen gewinnen, weil ich Menschen von meinem Beruf erzählt habe. Aber ich kann nicht immer ein ehrliches Interesse für die Jobs aller meiner Freund*innen und random Personen, die ich auf Partys kennenlerne, empfinden. Und nach einer langen Arbeitswoche kann ich mir Schöneres vorstellen, als am Freitagabend über die Arbeit zu sprechen. Irgendwann muss man auch abschalten. Am schlimmsten ist, wenn jemand damit angibt, wie viel er oder sie arbeitet, und daraus ein Überbietungswettbewerb entsteht.

Daniel: Ja, das ist der Unterschied. Wir haben früher mit

Überstunden Posing betrieben, wenn man es in moderne Sprache übersetzt. Leistungsbereitschaft und Leistungsfähigkeit galten als etwas Positives. Das hat sich gewandelt. Aber ich finde schon, dass der Beruf ein wichtiger Teil des Lebens ist – ob bei Anwälten, Ärzten, Ingenieuren oder anderen Berufstätigen, die an komplizierten technischen Fragen arbeiten. So was beschäftigt einen über den Feierabend hinaus.

Angelika: Was natürlich auch nicht übersehen werden darf, ist, wieso wir diese hohen Ansprüche stellen dürfen. Uns wird oft vorgehalten, dass wir beim Einstellungsgespräch nach einem Sabbatical oder Ähnlichem fragen. Mal abgesehen von den ganzen Argumenten, dass Arbeit nicht mehr unbedingt der Kern unseres Lebens ist und wir eben eine kleine Generation sind, die das zu ihrem Vorteil nutzt und sich diese Forderungen leisten darf und kann. Was in der Debatte oft übersehen wird, ist nämlich, dass wir diejenigen sind, die unter dem massiven Fachkräftemangel leiden werden, wenn ihr in den nächsten Jahren in Rente geht. Wir sind diejenigen, die allein gelassen werden, weil Deutschland es immer noch nicht schafft, Fachkräfte anzuwerben, lieber werden Bezahlkarten an Geflüchtete verteilt. Ich möchte unserem nächsten Kapitel zur Demografie nichts vorwegnehmen – aber das sind Aspekte, die betrachtet werden müssen, weil wir die Arbeit von nicht existenten Kolleg*innen mit übernehmen müssen. Hinzu kommt die Digitalisierung: Die jungen Mitarbeitenden sind diejenigen, die den technologischen Fortschritt in viele Unternehmen tragen. Von wem lasst ihr euch Programme erklären? Wer muss euch zeigen, wie man eine Reisekostenabrechnung anlegt? Viele Boomer weigern sich, neue digitale Tools zu benutzen, das verdichtet auch unsere Arbeit und führt letztendlich zu Überstunden.

Daniel: Man darf nicht übersehen, dass das die Älteren auch unter Druck setzt. Ihr seid mit Computern und Internet aufgewachsen und könnt natürlich viel besser mit digitalen Instrumenten umgehen. Wir haben das alles erst viel später gelernt und mussten uns von Grund auf umstellen. Da rührt häufig der Unwille her, sich jedes Jahr mit einem neuen Tool auseinanderzusetzen. Zudem finde ich es komisch, wenn sich junge Leute beim Einstieg ins Berufsleben schon Sorgen um die Rente machen. Ich kann das vor dem Hintergrund der Demografie zwar ein bisschen verstehen, es passt aber nicht mit eurem Wunsch nach Work-Life-Balance und einer Vier-Tage-Woche zusammen. Die Höhe der Rente hängt bekanntlich davon ab, wie viel man verdient und gearbeitet hat.

Ich glaube, dass das alles Themen sind, die rational erklärbar und vielleicht gar nicht so konfliktträchtig sein sollten. Was meiner Meinung nach konfliktträchtig ist, ist die Anspruchshaltung, die beim Vorstellungsgespräch oder gleich zu Beginn der Arbeit geäußert wird. Da fühlt man sich nicht nur als Arbeitgeber ein bisschen seltsam, sondern auch als Kollege, der fünf Tage mindestens 40 Stunden die Woche arbeitet und noch nie ein Sabbatical gemacht hat oder vielleicht erst mit Mitte fünfzig darüber nachdenkt, mal eins zu machen. Da prallen Welten aufeinander. Das ist nicht nur eine Frage des Neids, es ist auch eine Frage des Unverständnisses und der fehlenden Wertschätzung, die gegenüber älteren Kollegen an den Tag gelegt wird.

Angelika: Es ist auch eine Frage des Gönnens.

Daniel: Ja, das stimmt. Aber man gönnt jemandem doch etwas, weil man denkt, dass er es verdient. Wenn man aber das Gefühl hat, da ist noch nichts oder nicht genug verdient worden, dann ist es schwieriger zu gönnen.

Und es kommen noch weitere Dinge hinzu: Jüngere Angestellte melden sich statistisch gesehen deutlich häufiger krank als ältere. Nach einer Auswertung der AOK ist der Anteil an Fehltagen bei jüngeren Beschäftigten in den vergangenen zehn Jahren um 50 Prozent gestiegen. Um 50 Prozent! Seid ihr wirklich so stark belastet, oder habt ihr einfach nur eine andere Einstellung? Es gibt die Diskussion um ein »Recht auf Krankentage«. Die Gen Z ist im Schnitt 30 Tage im Jahr krank, das ist sehr, sehr viel. Es gibt Menschen, die der Meinung sind, dass ihnen noch 20 Krankheitstage zustehen, wenn sie erst zehn hatten. Wie kommt man auf so eine Idee? Das hat doch auch was mit der Frage nach der Leistungsethik zu tun.

Angelika: Vielleicht müsste man sich anschauen, warum sich die Gen Z so häufig krankmeldet. Die meisten geben nämlich psychische Erkrankungen als Grund an. Wir haben eine andere Einstellung zur Gesundheit und nehmen eben auch psychische Belastung ernst, sorry. Ich habe kein Verständnis für Menschen, die sich völlig krank ins Büro schleppen oder krank aus dem Homeoffice arbeiten. Ich frage mich dann immer, ob die denken, dass sie so systemrelevant sind, dass sie keine zwei Tage ausfallen können. Spoiler: Es wird das Unternehmen sehr wahrscheinlich auch geben, wenn man gar nicht da wäre. Man sollte sich vielleicht nicht immer so wichtig nehmen.

Daniel: Eine Krankschreibung kann aber nur erfolgen, wenn man wirklich nicht arbeiten kann, und nicht, wenn man sich gerade mal nicht so gut fühlt. Und das ist der Unterschied.

Angelika: Das sind verschwommene Grenzen. Einige fühlen sich bei Kopfschmerzen arbeitsunfähig, andere erst, wenn ihnen der Arm abfällt. So was kann nicht von außen definiert werden.

Daniel: Es gibt aber auch etwas dazwischen. Und ich glaube, dass bei der Gen Z ein leichter Schnupfen ausreicht, um sich arbeitsunfähig zu fühlen, bei den Älteren ist es dann eher das Fieber, das sie arbeitsunfähig macht. Die Voraussetzung für die Lohnfortzahlung ist eine Arbeitsunfähigkeit und nicht ein leichtes oder mittleres Unwohlsein, das muss man trennen. Und man kann das nicht immer damit begründen, dass das Leben schwer genug ist und man nicht weiß, was in fünf Jahren kommt. Das klingt für mich nach einer Ausrede.

Angelika: Aber inwiefern tut dir das weh, wenn sich ein Kollege krankmeldet oder eben ein Sabbatical macht?

Daniel: Es tut an sich nicht weh, aber man denkt darüber nach, dass man selbst so etwas noch nicht gemacht hat, und in meinem Fall habe ich auch noch nie daran gedacht. Und damit bin ich natürlich auch kein Vorbild, aber ich finde, ein Sabbatical kann man erst machen, wenn man ein paar Jahre gearbeitet und etwas geleistet hat. Man muss sich das zuerst verdienen und wirklich den Drang nach neuen Perspektiven und Ruhe verspüren. Aber wenn jemand frisch von der Uni oder aus der Ausbildung kommt und schon danach fragt, ist das ein krasses Missverhältnis von Leistung und Anspruch. Dafür fehlt mir jegliches Verständnis. Und das hat nichts mit Neid zu tun.

Ich denke, das ist eine neue Kultur, in der wir immer weniger Bereiche haben, in denen Leistung wirklich honoriert und belohnt wird. Das geht noch viel weiter, etwa bei sportlichen Leistungsvergleichen. So sollen beispielsweise die Bundesjugendspiele abgeschafft werden, und man spricht davon, dass es beim Fußball keine Ergebnisse mehr geben soll. Heutzutage hat das Einser-Abitur Inflation, Noten will man auch keinem Schüler mehr zumuten, niemand fällt mehr in Uni-Kursen durch, weil sich sonst alle beim Dekan beschweren gehen.

Wenn man immer die Wahl hat, auch etwas anderes machen zu können, werden bestimmte Optionen auch entwertet. Das sieht man ja am häufigen Wechsel des Arbeitgebers, der bei euch statistisch sehr hoch ist. Wenn im Job etwas nicht so ist, wie von euch gewünscht, sucht ihr euch gleich einen neuen Arbeitsplatz. Das zeigt, dass eure Frustrationsgrenze sehr niedrig ist. Viele ältere Arbeitgeber sagen, dass die Generation Z keine Kritik mehr verträgt, die aber gerade in den ersten Monaten und Jahren eines neuen Jobs enorm wichtig ist.

Angelika: Das klingt für mich nach Einzelfällen, die du pauschalisierst. Dass sich Kinder nicht mehr bei bescheuerten Disziplinen bei den Bundesjugendspielen miteinander vergleichen müssen, ist für mich übrigens ein großer Gewinn.

Die Wechselwilligkeit bei unserem Arbeitsplatz können wir uns nur leisten, weil es tatsächlich Unternehmen gibt, die unsere Bedürfnisse und Ansprüche ernst nehmen, die sich auf eine neue Arbeitswelt einstellen und das sehr erfolgreich leben und trotzdem schwarze Zahlen schreiben. Wenn das einige Unternehmen nicht schaffen und nur über die jungen Menschen schimpfen, ist es ihr Fehler, dass alle Nachwuchskräfte das Unternehmen wieder verlassen oder sich gar nicht erst bewerben.

Daniel: Natürlich ist es richtig, dass man als modernes und erfolgreiches Unternehmen sehr viel Mühe darauf verwenden muss, die Beschäftigten an sich zu binden und die Arbeit so zu organisieren, dass niemand überfordert wird. Trotzdem muss die Arbeit effektiv geleistet werden, das Unternehmen ist kein Ponyhof, sondern eine Veranstaltung zum Geldverdienen.

Gleichzeitig werden ältere Arbeitnehmer mehr und mehr aus den Unternehmen herausgedrängt. Viele Firmen nehmen sehr viel Geld in die Hand, um Leute über 50 loszuwerden. Bei den Abfindungen, die da manchmal gezahlt werden, frage ich mich, ob man die Älteren nicht für dasselbe Geld hätte noch weiterarbeiten lassen können, anstatt sie hinauszuekeln. Es findet zwar gerade ein Umdenken im Zuge des Fachkräftemangels statt, aber vielleicht sollten die Jüngeren einmal darüber nachdenken, was es bedeutet, wenn sie fordern, dass Boomer ihre Rente nach hinten verschieben sollen, sie aber gleichzeitig aus den Unternehmen gedrängt werden.

Angelika: Ich würde nicht sagen, dass viele junge Menschen die Führungsetagen besetzen und so was entscheiden.

Daniel: Das sind in der Regel Manager und vor allem Unternehmensberater im jüngeren und mittleren Alter, die in solchen Fällen über Leute entscheiden, die deutlich älter sind.

Was ich sagen will, ist, dass es viel mehr Entspannung geben könnte, wenn die Vorurteile zurückgestellt würden, wenn man sich gegenseitig mehr zuhört und mehr aufeinander achtet, denn genau das ist nicht immer der Fall. Es muss offen über die Dinge, die einen stören, geredet werden können. Viele ältere Menschen beschäftigen sich sehr wenig mit den Jungen, weil sie das vielleicht zu anstrengend finden. Andersrum streichen viele junge Menschen die Älteren aus ihrer Wahrnehmung, weil sie denken, dass die eh in ein paar Jahren weg sind. Dadurch wird ein gewisser Erfahrungsschatz, den die Älteren mitbringen, beschnitten, auch abseits von der Arbeit und dem Unternehmen. So geht viel Verständnis für eine andere Denkweise verloren.

Angelika: Da stimme ich dir zu. Leider geht die gegenseitige Ignoranz, die du schilderst, von beiden Seiten aus. Ich denke auch, dass sich weder Ältere noch Jüngere einen Zacken aus der Krone brechen, wenn sie den anderen einmal in Ruhe zuhören, ihre Vorurteile einmal beiseiteschieben und sich mit dem Gehörten beschäftigen. Da ließe sich mit etwas mehr gutem Willen schon eine Menge erreichen, glaube ich.

Daniel: Also so eine Art »Achtsamkeit zwischen den Generationen«? Ich meine das wirklich nicht ironisch, obwohl ich dieses Buzzword »Achtsamkeit« nicht sonderlich mag. Wäre vielleicht nicht schlecht. Und ich räume gern ein, dass die Älteren wirklich versuchen sollten, neue Lebensstile und Anschauungen mehr oder leichter zu akzeptieren, auch wenn sie ihnen fremd oder gar unsympathisch vorkommen. Wir Älteren haben am Ende die Pflicht, den Nachwuchs anzuleiten und zu befähigen – und das bedeutet eben nicht nur Anweisungen geben, sondern auch zuhören können und sich auf Neues einlassen. Vielleicht ginge es dann besser.

Angelika: Anstatt bald in Rente zu gehen, könntest du ja eine späte zweite Karriere als interkultureller Achtsamkeits-Coach starten ...

Daniel: Das meinst du jetzt aber eher ironisch, oder?

Angelika: Ja, schon – obwohl, wenn ich jetzt mal ernsthaft darüber nachdenke ... Du bist ja eigentlich durch die Gespräche mit mir schon ganz gut im Training.

KAPITEL 10

Demografie – ein bedrohliches, aber (fast) schuldloses Versäumnis

Deutschlands Bevölkerung schrumpft, vor allem die Zahl der Menschen im erwerbsfähigen Alter wird absehbar kleiner. Bislang hat der Zuwachs an Migranten aber weder am Arbeitsmarkt noch bei den sozialen Sicherungssystemen zu einer Entlastung geführt. Kamen Anfang der 1960er-Jahre noch sechs Arbeitnehmer für einen Rentner auf, so sind es heute statistisch gesehen nur noch 1,8 arbeitende Menschen. Da in den kommenden Jahren mehr als vier Millionen Berufstätige aus den geburtenstarken Jahrgängen aus dem Erwerbsleben ausscheiden, wird sich die Relation weiter verschlechtern. Bis 2035 wird es in Deutschland über 20 Millionen Rentner geben – bei einer Gesamtbevölkerung von derzeit knapp 84 Millionen Menschen. Potenzial bietet aber noch die vergleichsweise geringe Zahl an Frauen im Erwerbsleben. Weniger als die Hälfte der Frauen (46,8 Prozent) sind berufstätig, fast die Hälfte der berufstätigen Frauen arbeitet in Teilzeit.

Angelika: Neben dem Klimawandel ist die Entwicklung der Demografie ein riesiges Versäumnis, das wir Jüngeren euch Boomern zu verdanken haben. Ich weiß, ihr hört das nicht gerne, aber wir werden in den nächsten Jahren sehr stark mit diesem Problem konfrontiert werden. Nämlich dann, wenn ihr alle in großer Zahl in Rente geht, wir dann eure Rente be-

zahlen müssen und sich darüber hinaus der Fachkräftemangel um ein Vielfaches verschlimmert. Deutschland ist zu alt,
wir sind im Schnitt doppelt so alt wie die Weltbevölkerung.
Ihr Boomer habt einfach zu wenig Kinder bekommen, auch
wenn man euch das natürlich nicht wirklich vorhalten kann.
Und ehrlicherweise werden wir Jüngeren wohl auch zu wenig Kinder in die Welt setzen, sodass die Demografie immer
ungünstiger wird.

Daniel: Ja, es stimmt, das kann niemand bestreiten. Die
vielen Boomer haben, gemessen an ihrer Zahl, nicht für genug Nachwuchs gesorgt. Aber das hat auch Gründe und ist
nicht nur unserer fehlenden Verantwortung oder einem
gedankenlosen Egoismus geschuldet. Einer der Gründe für
die wenigen Kinder liegt – zum Glück – in der stärkeren Er-
werbsorientierung der Frauen. Erinnern wir uns: Während
die Mütter der Boomer-Generation noch ganz überwiegend
zu Hause geblieben sind, haben die weiblichen Boomer
nach ihrer Ausbildung oder ihrem Studium sehr darauf gedrängt, einen eigenen Platz im Berufsleben einzunehmen.
Und je mehr Kinder man hatte, desto schwieriger war es damals schon, in den Beruf einzusteigen oder nach der Geburt
eines Kindes wieder einzusteigen. Deshalb haben sich viele
Frauen dafür entschieden, entweder keine Kinder zu bekommen oder eben nur ein Kind.

Man sieht das ja auch an den Zahlen: Die Ein-Kind-Fa-
milie wurde in diesen Jahren immer häufiger. Und damit
begann der Einstieg in die Demografiefalle, die sich Jahrzehnt für Jahrzehnt immer stärker aufgebaut hat. Und man
darf nicht vergessen, dass sich in den 1970er-, vor allem aber
in den 1980er- und 1990er-Jahren viel mehr Frauen als früher
für einen Beruf entschieden haben und oft auch gegen eine

Ehe und gegen Kinder. Diese Frauengeneration wollte unabhängiger sein – und das könnt ihr Jungen ihnen heute ja wohl kaum vorwerfen. Und last but not least sehen wir auch den sogenannten Pillenknick in der Geburtenstatistik. Die Verhütung wurde einfacher – auch das haben damals viele Frauen als eine Art Befreiung erlebt.

Schließlich darf man in diesem Zusammenhang auch nicht den Geburtenknick nach der Deutschen Einheit vergessen. Kurz nach dem Mauerfall brach die Planwirtschaft der untergegangenen DDR wie ein Kartenhaus zusammen, und viele Ostdeutsche verloren ihre Arbeit. Nach der Euphorie über die Wende setzte dann über Jahre eine starke Zukunftsangst ein. Man wusste nicht, was kommen wird, und diese Unsicherheit hat dazu geführt, dass sich viele Paare in dieser Zeit gegen ein Kind entschieden haben.

Kann man jetzt die Boomer dafür verantwortlich machen, so wie du das in deinen Eingangsworten getan hast? Ich finde es schwierig, eine Generation zu kritisieren, weil sie nicht genug Kinder in die Welt gesetzt hat.

Und noch ein Wort zum Thema Rente: Dass wir Boomer jetzt mit 66 und mehr Jahren unsere Rente in Anspruch nehmen wollen, finde ich nicht kritikwürdig. Wir haben unser Leben lang dafür gearbeitet. Und wenn ihr irgendwann nach einem hoffentlich langen und erfüllten Arbeitsleben ebenfalls eure Rente haben wollt, wird sie ja auch von den Generationen gezahlt, die jetzt noch nicht geboren sind. Das ist halt der Generationenvertrag. Ich finde es deshalb schon ungerecht, wenn dieses System angezweifelt oder mit den Worten zur Disposition gestellt wird, »wir können oder wollen eure Rente nicht mehr zahlen«.

Angelika: Das stimmt natürlich. Man kann euch das

nicht vorhalten. Wie gesagt, wir Jüngeren werden wahrscheinlich auch nicht genug Kinder bekommen. Nichtsdestotrotz habt ihr es nicht geschafft, dieses absehbare Schrumpfen der deutschen Gesellschaft durch eine produktive Zuwanderung auszugleichen. Wenn das gelungen wäre, hätten wir heute weniger Probleme. Seit Jahrzehnten gibt es diesen absurden Streit um die Frage, ob Deutschland ein Einwanderungsland ist oder nicht. Natürlich sind wir das – und hier zeigt sich auch die in meinen Augen viel zu lange Ignoranz gegenüber den Zugewanderten.

Es ging los mit Gastarbeiter*innen, die aber nicht mehr Gäste waren, sondern geblieben sind. Bis heute kämpft die Gesellschaft darum, diese Menschen zu integrieren. Daraus sind soziale, kulturelle und bildungspolitische Probleme entstanden. Und ich glaube, selbst heute sind wir immer noch nicht so weit, ein attraktives Einwanderungsland zu sein. Dabei müssen wir ein Anziehungspunkt für Menschen aus anderen Ländern werden. Deutschland braucht in den kommenden Jahren massive Zuwanderung, um die wirtschaftlichen Schäden abzuwenden. Infolge der demografischen Entwicklung werden bis 2035 rund fünf Millionen Beschäftigte mehr in Rente gehen, als junge Beschäftigte nachkommen. Das heißt, wir brauchen 500 000 zusätzliche Arbeitskräfte aus dem Ausland – pro Jahr. Wahrscheinlich wird selbst das am Ende nicht reichen. Wenn wir aber dann unsere politisch hoch aufgeladene Zeit betrachten und uns vorstellen, wie darüber gestritten wird und welches Potenzial die AfD daraus ziehen kann, wird mir schon mulmig. Und natürlich schreckt das auch potenzielle Zuwander*innen ab. Anstatt darüber zu reden, geht es in vielen Debatten darum, dass wir nur »qualifizierte Zuwander*innen« brauchen und keine Einwanderung in die Sozialsysteme. Dieser Ruf nach den »richtigen Migrant*innen« führt uns in eine falsche Richtung.

Daniel: Na gut, um da mal einzusteigen: Wir haben ja schon im Kapitel 7 darüber gesprochen, dass ein erheblicher Teil der Geflüchteten auch nach Jahren des Aufenthalts hier immer noch ohne Job ist. Das bedeutet, sie leben von der Sozialhilfe und nicht von ihrer eigenen Hände Arbeit. Und das, obwohl überall händeringend Leute gesucht werden, auch für einfache Arbeiten, für die wenig Deutschkenntnisse erforderlich sind. Wir reden hier über eine halbe Million Menschen. Die Arbeitslosenquote der Ausländer in Deutschland liegt mit über 16 Prozent fast dreimal so hoch wie die allgemeine Quote. Das geht auf Dauer nicht gut. Und deshalb finde ich es nicht verwerflich, sondern geradezu erforderlich, an die künftigen Migranten die Anforderung zu stellen, dass sie in der Lage sind, ihr Leben hier selbst zu verdienen und nicht der Solidargemeinschaft jahrelang auf der Tasche zu liegen. Am Anfang kann und soll man ja noch Hilfe gewähren, wo sie nötig ist, klar. Aber nicht auf Dauer.

Angelika: Ich glaube, du übersiehst da ganz viel. Deutschland braucht, statistisch gesehen, viel länger als andere EU-Länder für die Integration in den Arbeitsmarkt. In Deutschland müssen zuerst Integrationskurse absolviert und in langen Verfahren Abschlüsse anerkannt werden, während andere Länder unmittelbar einen Job vermittelten. Das führt mitunter dazu, dass Menschen lange auf Plätze in Integrationskursen warten müssen. Im ersten Halbjahr 2023 lag die durchschnittliche Wartezeit bei über fünf Monaten, danach dauern die Kurse ein halbes Jahr, wenn nicht sogar länger. Die Bundesregierung versucht das gerade zu ändern, das

Bundesministerium für Arbeit hat den »Job-Turbo« gestartet, das ist eine Reihe von Maßnahmen, die Geflüchtete schneller in den Arbeitsmarkt bringen sollen.

Daniel: Der Kern vieler Probleme liegt in schlechten Sprachkenntnissen und in mangelnder Integrationsbereitschaft. Es werden enorme Anstrengungen unternommen, damit sie die Sprache lernen. Der Erfolg ist teilweise doch recht gering. Zum einen halten viele nicht durch, und zum anderen muss man zugeben, dass Deutsch eben auch eine sehr schwere Sprache ist.

Du hast vorhin die Gastarbeiter genannt. Die deutsche Wirtschaft hat sie damals gerufen, das stimmt. Diese Menschen kamen dann mit der Überlegung, hier ein paar Jahre zu arbeiten, zurückzugehen und sich mit dem Ersparten in ihren Heimatländern eine neue, bessere Existenz aufzubauen. Sie wollten ursprünglich arbeitende Gäste sein und dann wieder abreisen – das war der Plan. Aber die Dinge haben sich halt geändert im Laufe der Jahre. Die meisten haben sich schließlich dafür entschieden, länger zu bleiben. Sie holten ihre Familien nach, hatten aber immer noch im Hinterkopf, irgendwann doch in die Heimat zurückzukehren. Das führt zu einer gewissen Zerrissenheit – man lebt und arbeitet in Deutschland, will aber nicht auf Dauer bleiben. Die Folge ist, dass es auf diese Weise weder emotional noch sozial gelingen kann, heimisch zu werden. Man blieb vielfach unter sich, lernte Deutsch auch nur unvollständig und ist halt nie richtig angekommen. Das gilt natürlich bei Weitem nicht für alle, aber doch für viele.

Die Kinder dieser ersten Gastarbeitergeneration wurden von der Haltung ihrer Eltern geprägt. Mittlerweile lebt hier die vierte Generation der früheren Gastarbeiter, in der Regel mit deutschem Pass, aber eben oft auch mit einem zweiten türkischen oder anderen Ausweis. Identitätsstiftend ist das alles nicht, man bleibt so leicht in einer Zwischenposition hängen. Und die Integration wird dadurch auch nicht gerade gefördert. Leider ist es bis heute so, dass Menschen mit Migrationshintergrund auch die schlechteren Bildungserfolge aufweisen. Und das schafft bei den Betroffenen verständlicherweise Frust und in der Gesellschaft Friktionen. Leider ist das ein Thema, das von der Politik seit Jahren nicht wirklich angegangen wird, obwohl es aus vielen Gründen – auch aus demografischen – dringend geboten wäre.

Die Zuwanderer und auch die Deutschen mit Migrationshintergrund bilden eine unverzichtbare Säule in unserem Staat. In den deutschen Großstädten, wo die meisten von ihnen leben, hat mittlerweile fast jedes zweite Kind im Grundschulalter einen Migrationshintergrund. Das ist also eine wachsende, zahlenmäßig bald dominierende Gruppe, die besonders gefördert werden muss, damit sie in der Schule mithalten kann. Wir können es uns überhaupt nicht leisten, dass in einem Land mit einer kleiner werdenden Bevölkerung ein erheblicher Anteil der Kinder die Schulen ohne Bildungsabschluss verlässt, darunter eben überproportional viele mit Migrationshintergrund. Das sind mittlerweile zweieinhalb Millionen Menschen zwischen 20 und 34 Jahren. Was soll aus denen werden? Ohne Abschluss hast du wenig Chancen im Leben. Das ist schlimm für die Betroffenen, aber auch schlecht für die Gesellschaft und den Sozialstaat.

Angelika: Natürlich müssen sie besonders gefördert werden, aber dann beschwert euch nicht über die hohen Arbeitslosenzahlen, sondern schafft endlich ein System, das Menschen mit Migrationshintergrund nicht auf so vielen Ebenen benachteiligt: Wieso haben Menschen mit einem Namen, der nicht deutsch klingt, immer noch Nachteile, wenn es darum geht, einen Job oder eine Wohnung zu finden? Außerdem müssen wir als Einwanderungsland auch lernen, dass man unter Umständen eben Englisch sprechen muss, wenn wir Menschen brauchen, die hier für uns arbeiten. Integration heißt nicht, dass alle Eingewanderten Pumpernickel essen und Apfelschorle trinken.

Und bei aller Kritik darfst du nicht vergessen, dass Deutschland nur durch Zuwanderung jünger wird. Ich habe da eine Zahl gefunden: Zwischen 2010 und 2019 waren 55 Prozent der zugewanderten Menschen unter 30 Jahre alt. Deshalb war 2015 das erste Jahr nach der Wiedervereinigung, in dem Deutschland jünger und nicht ständig älter wurde. Das ist eine Riesenchance.

Daniel: Richtig, aber doch nur, wenn die Zuwanderer auch Arbeit finden oder – je nach Alter – eine Ausbildung absolvieren.

Ich finde, es kann nicht die Lösung sein, Englisch zu sprechen. Wenn man auf Dauer oder für eine lange Zeit bleiben will, dann muss man doch die Sprache des Landes erlernen! Wie will man sich in eine Nation und eine Gemeinschaft integrieren, deren Sprache man nicht versteht? Klar, es wird immer mehr Englisch gesprochen, vor allem in großen Unternehmen und auch in Metropolen wie Berlin. Aber deswegen ganz auf Deutsch zu verzichten, halte ich für sehr problematisch.

Angelika: Viele Zugewanderte können Englisch, aber kein Deutsch.

Daniel: Es gibt aber nur eine begrenzte Zahl von Jobs, bei denen du ohne Deutsch und nur mit Englisch durchkommst.

Im Bereich Hightech oder IT mag das noch gehen. Das sind aber selten Jobs, deren Anforderungen Flüchtlinge erfüllen. Und das führt mich zum Thema Qualifikation. Wir werden im Laufe der nächsten Jahre durch Digitalisierung und vor allem durch die künstliche Intelligenz eine totale Veränderung am Arbeitsmarkt erleben. Viele Routinetätigkeiten werden wegfallen, das macht dann der Computer und die KI. Was übrig bleiben wird, sind die Jobs in der digitalen, hoch technisierten Welt. Und dafür braucht man eine entsprechende Qualifikation und eine qualifizierte berufliche Ausbildung. Es ist schon heute schwer ohne Bildung, aber morgen und übermorgen wird ohne Bildung gar nichts mehr gehen. Und deshalb können wir keine Zuwanderer gebrauchen, die in der Welt von morgen nicht bestehen werden.

Angelika: Ich habe das Gefühl, du gehst gar nicht darauf an, was ich sage. Und du lässt dich von Statistiken nicht überzeugen – genau das ist das Problem in dieser Debatte. Wir drehen uns im Kreis. Unsere Debatten über Abschiebungen, Bezahlkarten und so weiter sind kontraproduktiv. Wir brauchen Pullfaktoren, Anreize, um Menschen anzulocken. Ihr merkt gar nicht, dass ihr mit diesen Debatten nicht nur die Schutzsuchenden, sondern auch die hoch qualifizierten Zuwander*innen abschreckt.

Daniel: Ich sehe das nicht so, aber wir entfernen uns vom Thema. Tatsache ist, dass wir es nicht geschafft haben, die sinkende Zahl der Bio-Deutschen durch beruflich qualifizierte Zuwanderung auszugleichen, um unsere Demografie zu verbessern. Und Tatsache ist auch, dass bei der Integration und Ausbildung der hier lebenden Menschen mit Migrationshintergrund noch eine Menge zu tun ist. So weit einverstanden?

Angelika: Ich muss noch eines sagen, weil meine Familie Migrationsgeschichte hat. Meine Eltern sind Russlanddeutsche und haben beide in Kasachstan studiert. Sie kamen mit 25 Jahren und einem Kind als Spätaussiedler in Deutschland an, haben monatelang zu dritt in einer Notunterkunft in einem Mini-Zimmer gelebt. Es ging damit los, dass ihnen ans Herz gelegt wurde, ihre russischen Namen abzulegen und sich deutsch klingende Namen auszusuchen, sie wurden quasi »eingedeutscht«: Aus meinem Bruder Kirill wurde Thomas, aus Slawa, meinem Vater, Wilhelm. Weder der Abschluss meiner Mutter noch der meines Vaters wurde anerkannt. Natürlich konnte mein Vater ohne Sprachkenntnisse und mit einer ganzen Familie, die ernährt werden musste, nicht noch eine Ausbildung machen. Seit 1997 fährt er Kehrmaschine, meine Mutter hat in den ersten Jahren Wohnungen und Büros geputzt. Das ist in den Neunzigern und in den Nullerjahren zuhauf passiert – und ist immer noch Gegenwart und geschieht heute immer noch. Zum Glück werden mittlerweile immer mehr Abschlüsse anerkannt, dem Fachkräftemangel sei Dank. Heutzutage werden immerhin mehr als die Hälfte der gängigen Abschlüsse akzeptiert. Aber es sind teilweise ganze Identitäten, die diese Menschen hier neu erfinden und aufbauen müssen.

Und noch ein Wort zu den schlechten Bildungserfolgen der Migrant*innen. Ich habe mal ein Interview mit Klaus Hurrelmann geführt. Er sieht ein großes Problem in unserem Schulsystem. Ab der vierten Klasse werden starke und schwache Schüler*innen getrennt, und du wirst als Hauptschüler*in direkt in eine Ecke gedrängt, die dich für dein Leben prägen wird. Natürlich sind unter den Haupt- und Gesamtschüler*innen sehr viele Migrant*innen, weil die in der dritten und vierten Klasse oft noch nicht die erforderlichen Sprachkenntnisse für eine Realschule oder ein Gymnasium haben, so war es zum Beispiel bei meinem Bruder. Deshalb bleiben die dann in den Hauptschulen zusammen mit lernschwachen deutschen Schüler*innen unter sich. Dem kann man kaum entkommen, und es bedarf sehr viel Willenskraft, sich da durchzukämpfen.

Daniel: Das stimmt, führt aber wieder zum bereits diskutierten Kern des Problems – nämlich der mangelnden Bildung infolge mangelnder deutscher Sprachkenntnisse.

Angelika: Ich habe auch erst im Kindergarten richtig Deutsch gelernt.

Daniel: Und heute bist du Akademikerin, Journalistin und verdienst dein Geld, indem du Artikel schreibst – auf Deutsch natürlich. Dein Beispiel zeigt doch, dass es geht!

Angelika: Gut, genug davon. Tatsache ist, dass wir Jungen die demografische Schieflage ausbaden müssen. Wir träumen nicht mehr vom Eigenheim, wir haben Angst vor Altersarmut, und es ist für uns als »normale« Menschen fast unmöglich, irgendwann einmal eine Immobilie zu besitzen. Wir befinden uns in diesem existenziellen Hamsterrad. Die Angst vor Altersarmut führt dazu, dass man sich gegen eine Familie entscheidet, weil wir es uns nicht leisten können, auf dem Arbeitsmarkt auszufallen. Wer kann es sich schon leisten, drei Kinder zu bekommen und sechs Jahre nicht zu arbeiten und nicht in die Sozialkassen einzuzahlen? Und wo soll man heute wohnen mit drei Kindern? Die Preise für Wohnimmobilien und Mieten explodieren, und auch die Inflation steigt. Das heißt, fast das ganze Geld geht für Wohnen drauf. Auf der anderen Seite werden Immobilienbesitzer*innen immer reicher, weil sie diese Wucherpreise einfach verlangen können, zumindest in den Städten. Für mich ist es absolut fernab des Möglichen, dass ich mir eine Wohnung, geschweige denn ein Haus kaufen kann, wenn sie nicht gerade in einem Randgebiet von Duisburg liegen.

Daniel: Meine Güte, ihr seid Mitte zwanzig, und die Rente ist das Topthema! Ich würde mir von euch schon manchmal ein bisschen mehr Zukunftsmut wünschen. Wenn man als 25-jähriger Mensch mit normaler Ausbildung und normalem Job denkt, dass man wegen drohender Verarmung keine Familie gründen kann, finde ich das schon sehr, sehr pessimistisch. Wahrscheinlich hat man mit 25 Jahren auch noch keinen konkreten Finanzierungsplan für eine Eigentumswohnung im Kopf. Aber wer hat das schon? In meiner Generation haben wir in eurem Alter weder über Immobilien noch über die Rente geredet. Und wenn du die Inflation beklagst – sie hilft dir ja auch, eine Immobilie abzubezahlen. Aber das ist ein anderes Thema. Ich sehe aber einen anderen Punkt, den du indirekt mit angesprochen hast. Wir haben in Deutschland beim Thema Vermögensbildung eine ungute Entwicklung. Eines der beklagenswerten Ergebnisse besteht darin, dass ungefähr die Hälfte der in unserem Land wohnenden Menschen kein Eigentum besitzt im Sinne von Wohneigentum. Das bedeutet, dass diese Menschen ihr Leben lang Miete zahlen müssen. Und das ist natürlich schon ein erhebliches Armutsrisiko. Als Berufstätiger kann man das vielleicht gerade noch ignorieren, weil man Geld verdient. Aber wie willst du als Rentner mit 1543 Euro deutscher Durchschnittsrente später einmal die Miete zahlen, vor allem wenn du in einer Großstadt wohnst? Und dass man als Rentner gezwungen ist, wegen der günstigeren Mieten auf das flache Land zu ziehen, kann ja auch keine Lösung sein.

Angelika: Aber auch nicht für junge Menschen.

Daniel: Auch nicht für junge Menschen. Wobei ihr durch digitales Arbeiten und mehr Flexibilität beim Homeoffice schon noch die Möglichkeit hättet, auch mal etwas außerhalb von großen Städten zu wohnen. Das geschieht ja auch, weil die Technik das erlaubt. Aber unter dem Strich ist es schon sehr problematisch, wenn in einem reichen Land wie Deutschland die Hälfte der Bevölkerung ohne nennenswertes Vermögen bleibt, obwohl sie auch ihr Leben lang arbeitet. Da bin ich ganz bei euch. Das muss sich dringend ändern, denn es ist eine Art von Spreizung, die wir auf Dauer nicht hinnehmen können, wenn es gerecht zugehen und der gesellschaftliche Frieden erhalten bleiben soll.

Angelika: Ich bin seit zwei Jahren auf dem Arbeitsmarkt, seit zwei Jahren in Lohnarbeit, und ich habe bisher noch nicht viel sparen können. Vor Kurzem habe ich erst mal mein BAföG abbezahlt. Ich habe eine neue Wohnung, und je frischer der Mietvertrag, desto höher die Miete, vor allem in Berlin oder anderen Großstädten. Ich habe Freund*innen, die auf 40 Quadratmetern wohnen und mehr als 1000 Euro zahlen. Aber vielleicht können die Babyboomer da helfen?

Daniel: Woran denkst du?

Angelika: Viele von euch wohnen doch mit einem alten Mietvertrag recht günstig in großen Wohnungen, obwohl die Kinder aus dem Haus sind und ihr gar nicht mehr so viel Platz braucht. Und ehe ihr von uns verlangt, aufs Land zu ziehen, weil es da billiger ist, könnte man doch mal über Wohnungstausch reden. Fünf Zimmer für die junge Familie und zwei Zimmer für die Babyboomer in Rente?

Daniel: Das ist leider eine sehr theoretische Debatte. Wenn ein Altmieter mit günstigem Vertrag die Wohnung verlässt, wird die Miete sofort nach oben korrigiert. Die wenigsten Vermieter überlassen eine günstige Wohnung dann einer Familie zum gleichen Preis. Und wenn der Boomer-Rentner wirklich Platz macht und eine neue Zweizimmer-Wohnung bezieht, zahlt er für die mindestens so viel wie für seine doppelt so große alte Wohnung. Aber klar, das Wohnen in den Städten ist für euch heute schon ein großes Problem geworden, vor allem in den letzten vier, fünf Jahren. Da muss man schon etwas tun.

Angelika: Zum Beispiel mit einer gerechteren Besteuerung von Erbschaften. Marcel Fratzscher, der Chef des Deutschen Instituts für Wirtschaftsforschung DIW, hat gesagt, dass das Geld durch die Generationen wandert. Zwischen 2012 und 2017 wurden pro Jahr rund 400 Milliarden Euro verschenkt oder vererbt. Davon profitiert zwar die jüngere Generation, aber leider nur ein sehr kleiner Teil. Und die Spreizung der Vermögen nimmt in jeder Generation zu. Die reichsten zehn Prozent besitzen mehr als 80 Prozent des Vermögens. Und noch eine Zahl: Um finanziell zu den obersten zehn Prozent der jüngsten Altersgruppe zu gehören, muss ein Haushalt mindestens über das 14-Fache des Medianvermögens der Altersgruppe verfügen. Bei den 55- bis 59-Jährigen ist es lediglich das Fünffache. Das sind schon extreme Unterschiede. Und während ihr Babyboomer gleichmäßig vermögend geworden seid, ist es bei uns ganz anders. Wir haben keinen kollektiven Aufstieg. Vermögen kommt vor allem durch ein Erbe. Die soziale Herkunft ist einfach ein riesiger Faktor für Reichtum.

Daniel: Die Tatsache, dass die Hälfte der Bundesbürger kein Eigentum besitzt, führt natürlich dazu, dass diese Gruppe so gut wie nichts vererben kann und deren Kinder leer ausgehen. Aber es ist nicht nur ein kleiner Teil, der durch Erbe wohlhabend oder gar vermögend wird, wie du sagst, sondern es ist rund die Hälfte einer Generation. Die Vermögensverteilung in einer Gesellschaft setzt sich – wenn kein Krieg dazwischenkommt – im Wesentlichen durch Vererbung fort. Der gesellschaftliche und vor allem der finanzielle Aufstieg durch eigene Arbeit wird hingegen immer schwieriger. Das ist eine bedauerliche, aber zutreffende Beobachtung, und sie trifft natürlich auch auf eure Generation zu. Die Summen, die dann immer genannt werden, klingen gewaltig. Das hat aber auch einen sehr speziellen Grund, nämlich dass dort die Vererbung von Unternehmen mit eingerechnet wird. Und die Erbschaftssteuer sollte in diesen Fällen nicht dazu führen, dass die Fortführung einer Firma und ihrer Arbeitsplätze gefährdet ist.

Angelika: Lass uns jetzt nicht über die Erbschaftssteuer für Unternehmen streiten, das führt zu weit weg von unserem Thema Demografie. Ich möchte stattdessen noch ein Zitat einwerfen, das von Alard von Kittlitz stammt. In einem Kommentar für die *Zeit* schreibt er: »Die Babyboomer hatten Kinder, Autos und Häuser. Wir haben wechselnde Beziehungen, ein Fahrrad und den Dispo am Anschlag.« Das fand ich sehr bezeichnend, dabei ist von Kittlitz Millennial.

Daniel: Also, da muss ich jetzt doch mal einhaken. Es stimmt einfach nicht, dass das Lebensniveau der Jüngeren geringer ist als das der Boomer-Männer und -Frauen zu ihrer Zeit als Jüngere. Du kannst ja nicht die Finanzlage einer 25-Jährigen mit der eines 62-jährigen Boomers vergleichen, der schon ein Leben lang gearbeitet, verdient und gespart hat. Wir sind ein wohlhabendes Land, und allein der Konsum der Jüngeren – wir haben das schon besprochen – ist größer als zu meiner Studentenzeit. Ihr habt heute auch durch Technik und Digitalisierung ganz andere Möglichkeiten – und ihr nutzt sie zum Glück auch. Ich fürchte, dass ihr eure Situation manchmal in besonders trübem Licht darstellt und es mit der angeblichen Armut etwas übertreibt.

Angelika: Na ja, 37,9 Prozent der Studierenden waren 2021 armutsgefährdet, das ist ein Fakt. Studieren ist angesichts der Mieten in Großstädten zu einem Luxusgut verkommen.

Daniel: Studenten waren statistisch gesehen immer arm im Sinne der Lohn- und Gehaltsskala – das war immer schon so und auch zu Zeiten der Boomer nicht anders.

Angelika: Das können wir doch nicht einfach so hinnehmen.

Daniel: Doch, das ist so. Wer studiert, konzentriert sich auf seine Ausbildung und kann nur nebenbei etwas Geld verdienen. Das führt dann in der Statistik zu einer Einordnung im unteren Einkommensbereich. Dafür verdient man ja als Akademiker später sehr gut oder zumindest mehr als der Durchschnitt.

Angelika: Es kann doch nicht immer darüber gelacht werden, dass sich die Studis am Ende des Monats zwei Wochen lang von Pasta und Pesto ernähren. Also, dieser Spruch, Ausbildungsjahre seien keine Herrenjahre, relativiert riesige Probleme, die eine große Gruppe von Menschen hat.

Daniel: Sorry, aber dass »Lehrjahre keine Herrenjahre« sind, wird immer so bleiben. Wir haben als Studenten, wenn das Geld am Monatsende knapp wurde, auch die bei Aldi zuvor im Sonderangebot gekauften Ravioli aus der Dose gegessen – damals war Pesto noch nicht en vogue. Ich verstehe wirklich nicht, dass du es nicht akzeptierst, dass man in der

Studienzeit zwar viel Freiheit und eine gute Zukunft, aber dafür nur wenig Geld und eher schlechteres Essen hat. Willst du den Studierenden jetzt aus dem Haushalt des Bundes neben dem BAföG noch ein Studierendengehalt überweisen, oder was? Man kann ja nebenbei noch jobben, das haben wir Boomer als Studenten auch gemacht. Es schadet auch keinem künftigen Akademiker, wenn er sich mal die Hände schmutzig macht und am eigenen Leib spürt, wie hart die Arbeit sein kann, die manche ihr Leben lang machen müssen – weil sie nicht die Chance hatten, arme Studenten zu sein.

Angelika: So einfach ist das nicht, wie willst du Praktika machen, die unbezahlt sind und vorausgesetzt werden? 20 Stunden neben dem Studium zu arbeiten, kann in einigen Fächern das Studium belasten und in die Länge ziehen.

Daniel: Praktika, zumal unbezahlte, dauern nicht ein ganzes Jahr, sondern in der Regel nur wenige Wochen. Und im Übrigen muss man abwägen, wie viel Arbeit als Jobber man nebenbei schafft. Das Wichtigste in dieser Lebensphase ist halt das Studium und nicht das Geld. Da muss man Prioritäten setzen.

Außerdem gibt es ja auch noch BAföG. Und wenn die Eltern so viel verdienen, dass die Kinder keinen Anspruch auf BAföG haben, sollten sie den Kindern genug Geld geben oder zumindest einen Grundstock. Die Finanzierung der Ausbildung der Kinder gehört in meinen Augen zu den Pflichten, die man als Eltern hat.

Über andere Lösungen wie etwa das elternunabhängige BAföG kann man diskutieren, aber die Schattenseite solcher Kredite ist doch, dass man immer mit Schulden ins Leben startet. Wie schwierig das mitunter ist, sieht man in Ländern wie Großbritannien oder den USA. Dort häufen die Uni-Absolventen teilweise riesige Schulden für ihr Studium an und starten mit einem riesigen Schuldenpaket ins Berufsleben. Da haben wir es doch viel besser. Hier zahlt man keine beziehungsweise nur sehr geringe Studiengebühren – es sei denn, man will unbedingt an eine Privatuni.

Angelika: Ich finde deine Haltung den Studierenden gegenüber echt krass. Du meinst das echt so, oder?

Daniel: Ja – und ich muss dir offen sagen, dass dieses Gejammer über »arme Studenten« nicht nur eine Verkennung der akademischen Privilegien ist, sondern auch Ausdruck dieser typischen Anspruchshaltung eurer Generation. Ihr wollt euch mit gewissen Lebensrhythmen einfach nicht abfinden. Solange man eine Ausbildung macht, ist man halt »arm«, weil man kein oder nur wenig Geld verdient, dafür aber kostenlos studieren und sich einen besseren Start ins Berufsleben sichern kann. Was ist daran so schwer, so inakzeptabel?

Angelika: Wir wollen uns nicht damit abfinden. Wir wollen einfach, dass es besser wird. Warum muss man sich denn mit schlechten Sachen abfinden?

Daniel: Wie willst du es denn besser machen? Indem du Ansprüche stellst, also deine Hand aufhältst, und andere sollen sie mit ihrem Geld füllen?

Angelika: Zum Beispiel mit einer vernünftigen BAföG-Reform, bei der die Sätze erhöht und an die Inflation angepasst werden. Die BAföG-Grundbeträge sind unterhalb des Existenzminimums, die Wohnpauschale reicht nicht aus, um die stark steigenden Mieten in Großstädten zu bezahlen. Außerdem muss es auch unabhängig vom BAföG bezahlbare Kreditmöglichkeiten geben, die nicht mit satten Zinsen zurückgezahlt werden müssen. Also, es gibt Möglichkeiten, um Studien zu finanzieren. Ich finde auch ein Ausbildungsgehalt okay. Wir haben alle etwas davon, wenn Menschen schneller in den Arbeitsmarkt kommen können, weil sie nicht jede Woche 40 Stunden arbeiten müssen, um ihr Studium zu finanzieren.

Daniel: Man muss ganz sicher nicht 40 Stunden arbeiten, um ein Leben als Student finanzieren zu können. Aber merkst du was? Ihr redet jetzt schon über die Rente, kritisiert uns Boomer für zu wenig Kinder und eine schlechte Demografie, ihr wollt vor lauter Zukunftsangst selbst aber auch keine Kinder oder nur eins, ihr beklagt eure angebliche Chancenlosigkeit, und ihr wollt für das Studium noch ein »Ausbildungsgehalt«, damit ihr nicht arm seid. Ich fürchte, wir kommen hier nicht mehr zu einem Konsens.

Angelika: Und du willst einfach nicht akzeptieren, dass man heute Dinge anders machen muss als zu deiner Zeit, dass man neu denken und nicht alles hinnehmen darf; dass Missstände angepackt und ausgesprochen werden müssen. Das lassen wir jetzt einfach mal so stehen.

Daniel: Ich gebe auf.

KAPITEL 11

Konsum – vom »Alles, was geht« zum »Muss ja nicht sein«

Die Konsumneigung ist abhängig vom verfügbaren Einkommen. Da ältere, noch berufstätige Menschen in der Regel mehr Geld haben als junge, sind sie statistisch gesehen auch konsumfreudiger. Dazu passt einer Umfrage des Zahlungsdienstleisters Klarna zufolge auch eine geringere Spareigung. Von den Babyboomern legen nur 66 Prozent regelmäßig Geld zurück, bei der Gen Z sparen 92 Prozent. Nach einer Forsa-Umfrage im Auftrag des Verbraucherportals sparwelt.de kaufen 73 Prozent der jüngeren Generation regelmäßig im Internet ein und geben dort vergleichsweise viel Geld für Unterhaltungselektronik und Kleidung aus. Die Boomer-Jahrgänge hingegen konsumieren überwiegend offline und legen bei ihren Einkäufen deutlich mehr Wert auf Qualität und Nachhaltigkeit als die Jungen. Die kaufen mit Ausnahme begehrter Markenprodukte eher preiswerte Produkte, vor allem Textilien.

Daniel: Wie würdest du die Haltung deiner Generation zum Konsum beschreiben? Wenn man sich in den Geschäften und vor allem auf den Einkaufsseiten des Netzes umsieht, bekommt man leicht den Eindruck, dass eure Generation viel mehr Auswahl und Angebote hat und das sehr gern nutzt. Ich glaube auch, dass ihr viel mehr Wert auf trendige

Marken legt, als das früher bei uns der Fall war. Vor allem aber sehe ich, dass junge Menschen durch das Internet viel konsumaffiner geworden sind. Das Einkaufen per Klick ist ja auch sehr einfach. Wenn man nicht mehr zu einem bestimmten Geschäft in die Innenstadt gehen muss, sondern eine schier unbegrenzte Auswahl im Netz mit jederzeitiger Rückgabemöglichkeit hat, kauft man schneller und wohl auch mehr.

Angelika: Letzteres gilt für deine Generation ja auch. Worauf willst du hinaus?

Daniel: Ich wundere mich manchmal: Auf der einen Seite gibt es eine riesige, glitzernde Warenwelt von einer nie da gewesenen Vielfalt und Größe, und auf der anderen Seite wollen die jungen Leute nachhaltig sein und predigen ihren Eltern und älteren Kollegen immer wieder gern ihre Verzichtsbotschaften, oft verbunden mit dem Vorwurf, dass die Älteren bereits seit Jahrzehnten bedenkenlos konsumiert hätten. Ich sehe da einen Gegensatz: Einerseits wird nämlich auch in eurer Generation konsumiert wie nie, andererseits redet ihr ständig darüber, dass man den Konsum möglichst zurückfahren soll. Also was nun? Wie siehst du das?

Angelika: An dieser Beobachtung ist schon etwas Wahres dran. Der Konsum bringt die Gen Z in eine höchst schwierige, ambivalente Situation. Auf der einen Seite setzen wir uns angesichts der Klimakrise für Nachhaltigkeit ein. Auf der anderen haben wir, wie du schon erwähnt hast, die Möglichkeit zu immer leichterem und schnellerem Konsum. Und ja – wir nutzen das auch, wenngleich manchmal mit schlechtem Gewissen.

Daniel: Ihr habt ein schlechtes Gewissen, weil die jüngeren Generationen häufig aus finanziellen Gründen billige Sachen kaufen? Also das berüchtigte Ramsch-T-Shirt im Sale für drei Euro von einer Textilfabrik aus Bangladesch?

Angelika: Du brauchst gar nicht so spöttisch zu sein. Wir sind jung, und wir stecken zum großen Teil noch nicht im Berufsleben. Und deswegen steht bei uns natürlich oft der Faktor Preis vor dem Faktor Nachhaltigkeit. Wir können uns vieles, was biologisch oder besonders nachhaltig produziert wurde, eben nicht leisten; die jungen Leute in Ausbildung und Studium erst recht nicht. Trotzdem versuchen wir bewusster zu konsumieren.

Daniel: Was meinst du damit – »bewusster konsumieren«?

Angelika: Nimm zum Beispiel Secondhand-Shopping, das ist absolut im Trend. Vor allem in den Großstädten kann man an jeder Ecke Secondhand-Läden finden. Es gibt ganze Ketten wie zum Beispiel »Humana«, die gebrauchte Kleidung anbieten. Und es geht ja auch nicht nur um Kleidung. Kleinanzeigen gelten als Goldgrube für die Wohnungseinrichtung. Durch »Up-Cycling« werden alte Möbel und Deko-Artikel wieder aufgepeppt und schön gemacht, Vintage und Retro-Stil findet man aktuell in vielen Wohnungen wieder.

Und wenn nicht gethriftet, also gebraucht eingekauft wird, dann geht der Blick natürlich trotzdem auf das Markenzeichen. Wir achten stark darauf, welchen Ruf eine Marke hat. Das ist dann auch mehr als nur das reine Image. Wir hinterfragen das Unternehmen dahinter, wir sammeln Informationen über den Hersteller und wie er sich gegenüber Kund*innen und Lieferant*innen positioniert. Da werden durchaus kritische Fragen gestellt, zum Beispiel mit wem das jeweilige Unternehmen zusammenarbeitet. Ihr in eurer Generation habt das nicht oder zumindest nicht in so einem Ausmaß gemacht – ihr habt einfach nur gekauft, oder?

Daniel: Wir haben damals vor allen Dingen alles im Geschäft gekauft. Die Boomer hatten zu ihren Jugendzeiten ja noch kein Internet. Es gab deshalb auch nicht so viele verfügbare Informationen über Produzenten und Lieferketten. Aber wir waren deshalb nicht völlig unkritisch. Ich erinnere mich zum Beispiel sehr genau daran, dass in unserer Studenten-WG Thunfisch aus Dosen verpönt war, wegen der Überfischung und des Raubbaus gerade bei diesen Beständen. Und die Kampagnen von Greenpeace gegen die japanischen Walfangflotten waren früher schon ein Klassiker für modernes Heldentum. Die Medien haben diese Schlauchbootfahrten ja auch zum heroischen Widerstand gegen die gewissenlose Ausbeutung der Meere gemacht.

Angelika: Du willst mit dem Verweis auf die Thunfischdose sagen: »Es war früher nicht alles schlecht«?

Daniel: Jetzt bist du spöttisch. Ich will damit nur sagen, dass auch schon die Boomer Politik und Konsum zusammengedacht haben, wenn auch nur bei wenigen Produkten, das muss ich zugeben. Aber dass ihr heute vor jeder Amazon-Bestellung die Lieferketten und den Umweltbericht des jeweiligen Herstellers prüft, halte ich, offen gesagt, für eine reine Wunschvorstellung. Okay, einige von euch machen das bestimmt, es gibt ja auch entsprechende Informationen im Netz. Aber das ist bestimmt keine Massenbewegung. Ich weiß wirklich nicht, worin sich dieses größere Bewusstsein für den Konsum eurer Generation manifestiert.

Angelika: Ja, das ist schwierig. Der Ruf nach bewusstem Konsum ist zwar laut und klingt gut, aber er kann sehr offen interpretiert werden. Für die einen bedeutet bewusster Konsum, dass sie wenig und gebraucht kaufen. Aber viele Unternehmen verkaufen uns ihre neuen Produkte als »gut« und »bewusst«. Es gibt unzählige vermeintlich nachhaltige Marken, die sich auf die Fahne schreiben: Wir recyceln, das hier ist zwar kein Woll-, sondern ein Polyesterpulli, aber er ist zu 80 Prozent recycelt. Mit bewusstem Konsum hat das aber schlussendlich wenig zu tun, das muss ich zugeben. Wir fallen da oft auf das Phänomen des »Greenwashing« herein, und viele Menschen haben keinen Filter dafür und nehmen das vielleicht ein bisschen blauäugig so hin. Dass H & M jetzt die Lieferketten offenlegt, schafft vielleicht Transparenz, aber die bringt nichts, wenn die Produktion trotzdem billig und unter schlechten Bedingungen stattfindet.

Die Unternehmen nutzen das natürlich geschickt aus, die wissen ganz genau, dass der Zielgruppe Gen Z bestimmte Werte wie Nachhaltigkeit, Transparenz und Inklusivität wichtig sind. Aber ich frage mich auch, wie sehr kann das bei Fast-Fashion-Marken zutreffen? Ist es ethisch verantwortbar, bei Billigproduzenten zu kaufen? Und wie eben schon erwähnt: Ja, der Faktor Preis schlägt dann oft unsere Bedenken oder Zweifel. Junge Leute haben eben nicht viel Geld. Deshalb greifen wir sogar bei Online-Shops wie Shein zu, einem absolut schrecklichen Label, das alles komplett überproduziert. Selbst ich habe da schon mal bestellt, das muss ich zugeben.

Daniel: Ich würde dir vergeben, wenn du jetzt beichtest ... Welche Einkaufssünde hast du begangen?

Angelika: *(lacht)* So schlimm war es nicht. Also, ich habe mir da vor vier Jahren Bikinis bestellt, die trage ich sogar immer noch. Das ist eigentlich eine Kleinigkeit, aber sie zeigt diese Ambivalenz: nachhaltig konsumieren, ohne zu verzichten – weil wir auch nicht verzichten wollen oder können. Das liegt vor allem am Druck des Internets und von Social Media. Wir sind eine Generation, die sehr viel Werbung ausgesetzt ist, weil wir eben viel Zeit auf Instagram, Pinterest & Co. verbringen. Und hier sieht man eben immer die neuesten Trends, direkt verlinkt und bereit, von uns nachgekauft zu werden.

Nehmen wir zum Beispiel Influencer*innen: Ich habe schon über das Millionen-Business, das dahintersteckt, gesprochen. Die können ihren Job natürlich nur dadurch finanzieren, dass die Zuschauer*innen sich von ihnen »inspirieren« lassen und die beworbenen Produkte bestellen. Und weil viele von uns ihnen nacheifern und dieselben Klamotten tragen wollen wie sie, klicken wir auf den Bestellbutton. Das macht uns Menschen, die ständig aufs Handy schauen, zu deren Kapital. Das kann problematisch sein: Wir sehen, wie viele Klamotten sie besitzen, wie viele Beauty-Artikel, Gadgets und das ganze Zeug ... Und dann fragen wir uns: Brauche ich das? Und natürlich besteht bei jedem und jeder von uns, bei den einen mehr und den anderen weniger, der Wunsch, im Trend zu liegen und coole Outfits zu präsentieren.

Daniel: ... und diese Art von Konsumverführung wirkt, obwohl ihr eine so kritische, nachhaltige und nachdenkliche Generation seid?

Angelika: Das wirkt unbewusst, setzt Konsumanreize, suggeriert mir: Ich brauche das auch alles. Das geht natürlich nicht, und das wissen wir auch, aber trotzdem bleibt von dieser Reizüberflutung mit den ganzen schönen und schicken Sachen etwas hängen. Und es hört auch niemals auf. Jedes Mal, wenn man Instagram oder TikTok öffnet, wird einem irgendwas Neues in den Feed gespült, und die Verführung geht von Neuem los. Am schlimmsten sind »Mikrotrends«, also Trends, die unter Umständen nur zwei, drei Monate anhalten – für die man aber trotzdem Geld ausgibt. Zum Beispiel hat das Model Bella Hadid mal auf einem Foto bestimmte Boots der Marke Ugg getragen. Ganz ehrlich, ich glaube, die sind ziemlich unpraktisch, weil sie viel zu tief sitzen, um im Winter warm zu halten. Jedenfalls kostet dieser Schuh knapp 200 Euro – und sehr viele junge Frauen haben sich den danach gekauft, er wurde zu einem Hype und einem klassischen Mikrotrend, weil ihn im nächsten Winter niemand mehr tragen wird.

Auch bei Birkenstock ist ein Modell durch TikTok groß geworden. Das regt übrigens auch den Luxusmarkt an, der sich an die wachsende Kaufkraft der Gen Z anpasst. Die jüngeren Generationen haben früher einen Zugang zum Luxusmarkt; während Millennials zwischen 18 und 20 Jahren anfingen, Luxusartikel zu kaufen, geht es bei der Gen Z teilweise schon mit 15 los. Mein erster Impuls ist da: Wie können die sich das leisten? Ich arbeite Vollzeit und habe für so was kein Geld übrig. Und natürlich können sich Influencer*innen, die die Inspiration für diese Luxusartikel geben, diese Sachen leisten, wenn sie sie nicht einfach umsonst aus Werbezwecken zugeschickt bekommen. Aber dass jemand denkt, er müsse einen Monatslohn für eine Handtasche ausgeben, macht mich fertig.

Auch in der Schule muss es ja ganz schlimm sein, wenn sich die Jüngeren unserer Generation vergleichen und sich viele Jugendliche diesen Luxus eben nicht leisten können, weil ihre Eltern zufällig nicht wohlhabend sind.

Das regt auch den Markt für sogenannte Dupes, also

günstigere »Fälschungen«, an, und so entsteht Fast Fashion.

Daniel: Ich habe auch den Eindruck, dass die Bereitschaft zum bewussten Konsum genauso hoch ist wie die Bereitschaft, sich ein bisschen selbst zu betrügen. Man kauft doch immer wieder schnell mal etwas »Überflüssiges« und beschwichtigt sein schlechtes Gewissen mit der Ausrede, ich habe dafür kein Auto, oder ich fliege nicht in Urlaub, sondern fahre mit der Bahn. Ist das also eine ehrliche Haltung, oder ist es im Prinzip nicht auch die Kapitulation vor einer Welt voller Werbung, Tracking und individualisierter, algorithmusgesteuerter Angebote bei jedem Klick im Internet? Ich verstehe schon, dass man dieser so subtilen wie penetranten Überflutung mit Werbebotschaften und Influencer-Videos kaum entfliehen kann. Ihr seid da einer ganz anderen Verführung ausgesetzt als wir früher.

Angelika: Also, ich stimme dir da ausnahmsweise zu, weil die Entwicklung zu diesem Überkonsum, die unsere Generation und die Welt genommen haben, nicht in Ordnung ist. Jeder Promi und jede*r Influencer*in bringt mittlerweile eigene Produkte auf den Markt. Auf einmal sind das nicht mehr nur Sportstars oder Künstler*innen, sondern auch Unternehmer*innen. Ich habe als Jugendliche auch für die damaligen Stars geschwärmt, aber dieses krasse Influencer-Marketing, das es heute gibt, ist ein ziemlich neues Phänomen. Diese ganze Industrie macht es sich zunutze, dass junge Erwachsene Influencer*innen glaubwürdiger finden als klassische Werbung im Fernsehen oder sonst wo. Und diese Werbung ist omnipräsent. Wenn wir auf unser Handy schauen, ist sie bereits da. Ich will das auf keinen Fall verteufeln, ich freue mich über Inspiration und Kaufempfehlungen, das Problem ist eben der Überkonsum, der daraus entsteht. Euch lässt das ziemlich kalt, oder? Ich habe jedenfalls eine Statistik gelesen, wonach nur jeder und jede zehnte 55- bis 64-Jährige Influencer*innen als glaubwürdig ansieht.

Daniel: Ich glaube, in meiner Generation hat der Content von Influencern praktisch keinen Effekt, einfach weil wir sie nicht wahrnehmen. Und selbst die wenigen Influencer, die wir registrieren, verstehen wir gleich als reine Werbe-Ikonen. Für Leute unserer Sozialisation haben sie eine so geringe Glaubwürdigkeit, dass von ihnen praktisch keine »Verführung« und auch kein Kaufimpuls ausgeht.

Aber es ist nicht nur das Thema Glaubwürdigkeit oder Nachhaltigkeit des heutigen Konsums, das ich kritisch sehe. Was mich bei dem ganzen Thema auch stört, sind die Folgen des Online-Shoppings. Irgendjemand muss ja diese ganzen im Internet bestellten Waren zu den Kunden bringen. Und deshalb haben wir jetzt eine ganze Armee armer Menschen, die zu Mindestlöhnen rund um die Uhr das ganze Zeug ausfahren und zustellen müssen. Fast nie mit dem Fahrrad, sondern in nahezu allen Fällen mit Lieferwagen, die nicht nur die Straßen verstopfen, sondern auch die Luft verschmutzen. Einerseits soll nach Meinung der Jungen heute ja kein Stadtbewohner mehr ein Auto haben dürfen, aber gleichzeitig lässt man sich alles anliefern und bis vor die Wohnungstür tragen – manchmal auch nur einen Eistee, den man »flinken« kann, wie diese bescheuerte Werbung der Lieferfirma Flink empfiehlt.

Ich finde das fast schon pervers, wenn sich dann ein Gen-Z-Mensch von einem schlecht bezahlten Boten ein Getränk in die schöne Dachgeschosswohnung tragen lässt und sich dabei unglaublich cool vorkommt. Dabei sind diese

Leute einfach nur zu faul, um selbst einzukaufen oder in ein Geschäft zu gehen. Und das führt dann zwangsläufig zur Verödung unserer Innenstädte, weil die klassischen Geschäfte da nicht mehr mithalten können. Vielleicht lässt man sich im Fachgeschäft auch nur noch beraten und bestellt dann am Ende billiger im Internet. Auch das führt dazu, dass wir irgendwann in den Innenstädten nur noch Ketten haben oder am Ende ganz geschlossene Ladenzeilen, die früher mal voller Leben waren.

Und last but not least: Es ist halt so, dass manchmal bei jungen Leuten meinem Eindruck nach auch sehr wahllos bestellt wird. Warum? Weil man weiß, man kann es ja zurückgeben. Deutschland ist »Europameister der Retouren«, also der Rücksendungen. Im Jahr 2021 wurden 1,3 Milliarden im Internet bestellte Artikel nicht behalten. Und von diesen Retouren werden mehr als 20 Millionen einfach weggeworfen. Vor diesem Hintergrund erscheint mir dann das Thema Konsum und Nachhaltigkeit noch mal ganz besonders schwierig. Ich sehe, dass die Gen Z den Boomern gern übermäßigen Konsum vorwirft, aber dass sie sich mit Blick auf das eigene Konsumverhalten doch oft in die Tasche lügt – sorry, ich muss das jetzt mal so hart sagen. Bist du jetzt sauer?

Angelika: Nein, bin ich nicht. Ich fürchte sogar, dass du mit deiner Kritik einen wunden Punkt triffst. Ich zähle wohl auch zu der Kategorie Konsumopfer, und mir ist es gerade vor meiner Oma immer peinlich, ihr auf ihre Nachfragen erklären zu müssen, dass ich mir schon wieder etwas Neues gekauft habe. Das ist mir dann immer ein bisschen unangenehm – und das sagt ja irgendwie auch schon alles.

Daniel: Du meinst so etwas wie Konsum-Shaming?

Angelika: Vielleicht so ein bisschen. Egal, ich wollte noch zu den Retouren beim Internet-Handel etwas sagen. Das ist in der Tat ein massives Problem, und ich glaube, da wird es einem auch zu einfach gemacht. Jeder weiß, man kann sich jetzt diesen Schuh in fünf Größen bestellen und ihn dann wieder zurückschicken, ohne dass es irgendeine Konsequenz hätte. Ich sehe aber auch, wieso wir das machen und nicht in die Innenstadt gehen. Denn obwohl die Innenstädte angeblich »aussterben«, sind zumindest hier in Berlin die Läden am Wochenende alle überfüllt, und ich fühle mich dann meist gestresst und überstimuliert. Am Ende gibt es dann nicht mal das Modell, nach dem man sucht, oder die Größe, die man braucht. Natürlich reizt es da, sich etwas nach Hause schicken zu lassen und in Ruhe anzuprobieren.

Daniel: Was schlägst du vor?

Angelika: Man könnte darüber nachdenken, ob Retouren nicht etwas kosten sollen. Denn dann überlegt man es sich vielleicht zweimal, alles Mögliche einfach mal zu bestellen. Das machen einige Unternehmen auch schon. Und die Unternehmen selbst sollten auch ein anderes Modell finden, um die zurückgeschickte Ware wiederzuverwenden und sie nicht einfach wegzuwerfen oder zu verbrennen, wenn sie einmal ausgepackt wurde.

Aber das wäre dann wieder ein Problem für alle diese ganz günstigen Shops, in denen die Sachen so billig hergestellt werden, dass sich der Wiederverkauf nicht lohnt. Einmal wollte ich etwas bei Amazon zurückschicken, und die haben mir dann geschrieben, ich solle es einfach behalten.

Daniel: Das passt ins Bild. Viele Waren sind offenbar doch ohne realen Wert. Und ich stimme dir zu, dass man da politisch etwas ändern sollte. Das Zurücksenden von Waren könnte man ruhig kostenpflichtig machen. Wie man es genau macht, muss man sehen, aber wenn die Politik auf dieses Thema ein wenig mehr Gehirnschmalz verwenden würde, fände ich das auch gut. Der Lieferverkehr in den Städten ist außerordentlich hoch und die Auswirkungen des Internet-Handels für die Innenstädte immer bedrohlicher. Und ökologisch ist der Internet-Einkauf allein wegen der ganzen Lieferfahrten und Retouren auch höchst fragwürdig.

Angelika: So ist es. Support your local business.

Daniel: Das ist ein guter Schlusssatz.

KAPITEL 12

Politik und Repräsentation –
Straße statt Sofa,
Demo statt Ortsverein

Immer mehr junge Menschen interessieren sich für Politik, aber sie fühlen sich von den Politikern nicht ernst genommen. Laut der Shell-Jugendstudie glauben 71 Prozent der befragten 12- bis 25-Jährigen nicht, dass sich die Politik darum kümmert, was die Jungen denken. Die Gründung von Fridays for Future und anderer Plattformen ist Ausdruck dieses Mangels. Die Entstehung der Grünen und der vielen Bürgerinitiativen in den 1970- und 1980er-Jahren erklärt sich jedoch ebenfalls mit der Ignoranz des damaligen Polit-Establishments. Während laut Jugendstudien die Generationen zwischen den Boomern und der Gen Z weniger politisch engagiert waren, ist politisches Engagement heute wieder »in«, wenngleich nicht in Parteien, sondern auf Plattformen und in Aktionsbündnissen. Bei der Wahlbeteiligung fallen die Jungen jedoch gegenüber der Boomer-Generation deutlich zurück. Laut der Statistik des Demografieportals des Bundes und der Länder gehen 21- bis 24-Jährige am wenigsten zur Wahl, am häufigsten hingegen die Menschen zwischen 50 und 65 Jahren.

Angelika: Die Gen Z ist politisch. Wir sind eine Generation, deren erste Erinnerung an Politik Angela Merkel ist. Damit wurde mir auch erst später klar, wie besonders es ist, dass wir eine Frau an der Spitze hatten. Ich erinnere mich vage daran, als meine Eltern während des Wahlkampfs 2005 in der Küche standen und darüber diskutierten, ob sie ihre Stimme für Angela Merkel oder Gerhard Schröder abgeben sollen.

Wir sind auch eine Generation, die in Wohlstand und politischer Stabilität aufgewachsen ist. Wir konzentrieren uns auf Themen wie den Fortbestand unseres Planeten, Gerechtigkeit und Menschenrechte. Wir protestieren, gehen auf die Straße und fordern viel und laut. Und wir ecken an, mit Themen, die in diesem Buch besprochen wurden. Einige sehen uns als Bedrohung, denn mit unserer politischen Korrektheit fordern wir einen neuen Gesellschaftsvertrag.

Was wir auch fordern, ist Repräsentation im Bundestag. Der Bundestag ist immer noch vor allem alt, weiß und männlich. Das hat sich seit der letzten Wahl deutlich gebessert, trotzdem sind nur 35 Prozent der Abgeordneten Frauen, nur 11 Prozent haben einen Migrationshintergrund, und das Durchschnittsalter liegt bei 47,5 Jahren. Damit wird Politik von Alten für Alte gemacht. Politiker*innen treten in Talkshows auf, die sich unsere Generation nicht ansieht. Sie sind auf Plattformen vertreten, die wir kaum noch nutzen. Wir blicken nicht mehr zu Politiker*innen auf.

Daniel: Das stimmt. Die Generation Z ist politischer als die Generation Y oder Golf, das kann man kaum bestreiten. Aber die Boomer waren und sind auch politisch. Nach der Achtundsechzigerbewegung, dem Studentenaufstand, kamen Ende der 1970er-Jahre die entscheidenden Initiativen für prägende politische Gesellschaftsreformen von den Boomern: die Friedensbewegung gegen das Wettrüsten, die Umweltbewegung, die sich damals noch auf das Waldsterben und nicht den Klimaschutz fokussierte, die Anti-Atomkraft-Bewegung und nicht zu vergessen die Frauenbewegung, ohne die der heute erreichte Standard in Sachen Emanzipation weder im Beruf noch im Familienleben denkbar gewesen wäre. Und natürlich ist nichts so gut, dass es nicht noch verbessert werden könnte, aber dass wir beim Thema Frauen und Gleichberechtigung bei null anfangen, wie manche der klagenden jungen Aktivistinnen suggerieren, stimmt einfach nicht. Das lässt den Blick auf die jüngste Vergangenheit außer Acht.

Zu ein paar Dingen, die du gesagt hast, würde ich gern etwas anmerken. Es ist wahr, dass der Bundestag nicht divers genug ist. Die Parteien müssen mehr Frauen fördern und in die Parlamente bringen. Trotzdem ist ein Anteil von 35 Prozent jetzt auch nicht wenig. Dass nur 11 Prozent einen Migrationshintergrund haben, liegt nicht nur an den Politikern, sondern auch daran, dass sie vielleicht nicht die politische Prägung haben.

Dass ihr euch die Talkshows, in denen die Politiker auftreten, nicht anguckt und euch nicht mehr auf Facebook und Twitter/X tummelt, ist eure Entscheidung, das ist nicht zu kritisieren. Aber aus eurer Abstinenz gegenüber diesen Plattformen zu schließen, dass die Politiker nicht mehr für euch da sind, halte ich für einen Fehlschluss. Wenn man sich politisch interessiert und Politikern zuhören und mit ihnen in Diskurs treten will, sollte man vielleicht auch die Plattformen anschauen, auf denen sie bevorzugt sind. Ich glaube, das ist eine Klage, die ein bisschen schräg ist.

Angelika: Vor allem die kleineren Parteien wie die FDP und die Grünen, aber auch ein wenig die Linken haben bei der letzten Bundestagswahl 2021 davon profitiert, dass viele ihrer Mitglieder jung sind und einen Fokus klar auf Themen wie Umwelt, Digitalisierung und Bildung legen, während

Parteien wie die SPD und vor allem die CDU die jüngeren Generationen gern übersehen.

Wenn es darum geht, dass nur Menschen, die sich für Politik interessieren, Politiker*innen aufsuchen, hätten wir außerdem ein richtig großes Problem. So funktioniert eine Demokratie nicht, sonst müssten ja gar keine Wahlkämpfe mehr geführt werden. Politiker*innen müssen Menschen mobilisieren und Inhalte zugänglich machen. Es ist Aufgabe der Parteien, auf sich aufmerksam zu machen und die Menschen abzuholen, egal ob sie sich für Politik interessieren oder nicht. Es gibt ein – wenn auch unerfreuliches – Beispiel, das zeigt, dass das funktioniert: Wie ich bereits an anderer Stelle erwähnt habe, versammelt die AfD von den im Bundestag vertretenen Parteien die meisten Follower*innen auf den großen Social-Media-Plattformen hinter sich. Vor allem auf TikTok, einer Plattform, die bei jüngeren Menschen besonders beliebt ist, ist die Partei sehr erfolgreich und hat damit eine Lücke geschlossen, während andere Parteien noch hinterherhinken.

Die CDU hat zum Beispiel erst seit Dezember 2023 einen TikTok-Account, zu dieser Zeit hatte die AfD schon Millionen Views bekommen. Das bringt meiner Meinung nach zum Ausdruck, dass die CDU gar nicht so sehr an der Kommunikation mit jungen Menschen interessiert ist oder einfach nicht die nötigen jungen Menschen in ihrer Partei hat, um sich selbst auf den neuesten Stand zu bringen. Und wir sehen an diesem Beispiel sehr gut, wohin diese Ignoranz führen kann.

Daniel: Es ist eine Wechselwirkung zwischen dem eigenen Interesse und der Haltung desjenigen, der abgeholt werden will, sozusagen des Informationskonsumenten. Es funktioniert nur, wenn man auch selbst interessiert ist und sich ein bisschen kümmert, etwas liest und sich informiert. Natürlich müssen die Parteien ihren Teil dazu beitragen und Leute eben auch überzeugen. Da gebe ich dir absolut recht. Trotzdem sind soziale Medien nicht unbedingt das wichtigste Medium, um politische Inhalte zu transportieren.

Angelika: Kommt drauf an, wen man erreichen will.

Daniel: Also, es ist sicherlich wichtig, dass man auf möglichst vielen Plattformen unterwegs sein sollte, wenn man alle Leute erreichen will, die sich auf diesen Plattformen tummeln. Aber wer sich für Politik interessiert und über Politik lesen will, hat viele Möglichkeiten, das zu tun. Und aus diesem Grund finde ich die Klage darüber, dass die Politik nicht genügend auf den speziellen Plattformen unterwegs ist, die die junge Generation nutzt, ein bisschen wohlfeil. Aber klar, am Ende müssen die politischen Parteien und Politiker ihre Botschaften verkaufen.

Angelika: Außerdem müssen sich die Parteien langsam, aber sicher verjüngen. All die Punkte, die ich gerade angeführt habe, führen eben auch dazu, dass wir eine sehr parteiverdrossene Generation sind. Die wenigsten von uns identifizieren sich noch mit einer Partei. Wir fühlen uns oft nicht abgeholt, haben das Gefühl, keine Rolle in Wahlkämpfen zu spielen, weil wir natürlich auch von der Zahl her viel weniger sind als ihr. Und weil Parteien Wähler*innen gewinnen wollen, fokussieren sie sich aus der logischen Konsequenz heraus natürlich eher auf die Älteren als relevante Gruppe. Der Bundestag redet viel mehr über Renten als über Digitalisierung, und mit der Schuldenbremse werden Investitionen für unsere Zukunft verhindert. Das führt am Ende dazu, dass wir nicht versuchen, durch Parteien Einfluss zu nehmen, sondern uns andere politische Partizipationsformen gesucht haben. Wir streben eher nach dem direkten Einfluss auf die Regierung, durch politische Bewegungen, Protest und Demonstrationen.

Daniel: Aber vielleicht ist es auch ein falsches Verständnis von unserer Parteiendemokratie, wenn du sagst, ihr werdet nicht abgeholt. Wieso wartet ihr darauf, abgeholt zu werden? Warum werdet ihr nicht einfach selbst aktiv? In einem Staat, der stark durch die Parteien geprägt wird und in dem politische Willensbildung durch die Parteien erfolgt, ist es ein schwieriges Argument zu sagen, dass ihr lieber außerhalb von Parteien Politik machen wollt. Das kann man machen, das tun ja auch diese ganzen politischen Bewegungen. Aber ich fürchte, dass ihr die Funktionsweise der politischen Willensbildung nicht ganz nachvollzieht, wenn ihr glaubt, man kann besser Politik machen, indem man auf die Straße geht und den mühsamen Gang in die Parteien scheut.

Vielleicht solltet ihr besser beides machen. Die Grünen sind ein Beispiel dafür, wie das am Ende funktionieren kann. Sie sind aus den vier großen Protestbewegungen Emanzipation, Umwelt, Frieden und Anti-AKW entstanden. Das waren vier sehr unterschiedliche Bewegungen, die sich damals noch in einer sogenannten Anti-Parteien-Partei namens Die Grünen zusammengefunden haben. Daran sehen wir, dass sich die Durchsetzung der politischen Ideen, die sich mit den ursprünglichen Bewegungen verbunden haben, eben vor allem durch die Gründung einer Partei vollzogen hat. Und durch die Beteiligung an Regierungen ist die grüne »Anti-Parteien-Partei« inzwischen sogar im Mainstream verortet.

Ich fürchte, ihr werdet nicht weit kommen, wenn ihr sagt, dass ihr die Parteien verabscheut oder sie ignoriert, weil ihr euch nicht abgeholt fühlt. Wenn ihr auf die Straße geht, könnt ihr vielleicht eine Welle von Aufmerksamkeit erzeugen, mehr aber auch nicht. Und selbst die läuft irgendwann aus, Fridays for Future ist auch in der Versenkung verschwunden.

Angelika: Das mag sein, trotzdem wurden die Themen Umwelt und Klima wieder auf die Agenda gebracht und führten am Ende teilweise dazu, dass die Grünen jetzt in der Regierung sitzen. Klar, Politik muss durch Parteien gemacht werden, das streite ich gar nicht ab. Vielleicht müssen wir dann die zum Teil sehr veralteten Parteistrukturen aufbrechen, um zu vermeiden, dass Politiker*innen erst mal jahrelang in irgendwelchen Ortsverbänden und Ortsvereinen sitzen müssen, bevor sie an die großen Probleme randürfen. Vor allem in Klimafragen kann man nicht darauf warten, dass man endlich eine Position innerhalb einer Partei erreicht, sodass einem mal jemand zuhört.

Daniel: Politik ist das Bohren dicker Bretter, man muss halt dranbleiben, und dann reicht es nicht, wenn man wie Fridays for Future für zwei Jahre Aufsehen erregt und das Thema Klimaschutz auf die Agenda hebt, und dann war's das. Wir sehen beide, dass dieses Thema von der normalen Agenda wieder ein bisschen runtergerutscht ist und andere Themen eine zunehmende Rolle in der öffentlichen Wahrnehmung spielen. Was ich damit sagen will: Parteien sind dauerhafter, und die Arbeit im Parlament ist wirkungsvoller als der reine Protest auf der Straße. Es muss im Wechselspiel funktionieren, das haben wir ja, wie eben schon erwähnt, bei den Jugendbewegungen gesehen, die die Boomer damals gegründet haben. Im Endeffekt braucht man einen langen Atem.

Angelika: Da stimme ich dir zu, in dieser Schnelllebigkeit verschwinden viele wichtige Dinge viel zu schnell wieder aus der öffentlichen Aufmerksamkeit.

Unterm Strich würde ich sagen, dass sowohl die Boomer als auch die Gen Z zwei sehr politische Generationen sind. Und das ist auch einer der Gründe dafür, warum wir so oft aneinandergeraten und warum dieser Konflikt überhaupt besteht.

Daniel: Ja, das hängt damit zusammen, dass sich zwei, wie du richtig sagst, doch sehr politische und engagierte Generationen heute gegenüberstehen. Früher waren Themen wie Hedonismus und Selbstverwirklichung viel wichtiger, als sie es heute sind. Und wie weit die Ansichten auseinandergehen können, wenn zwischen den Generationen 30 bis 40 Jahre liegen, hat sich an unseren Diskussionen gezeigt. Wichtig ist, im Gespräch zu bleiben. Das ist das, was wir mit diesem Buch versucht haben, und ich hoffe, dass es sich auch ein bisschen gelohnt hat. Ich habe im Verlauf unserer Diskussionen viel gelernt und bei einer ganzen Reihe von Punkten durchaus begonnen, meine Sichtweise zu hinterfragen, teilweise auch zu ändern oder zumindest einfach mal eine andere Perspektive einzunehmen, die ich vorher entweder nicht kannte oder einfach abgelehnt habe. Insofern hat der Austausch mit dir eine Wirkung bei mir erzielt, und darüber, liebe Angelika, freue ich mich und danke dir.

Angelika: Ich habe vor allem gemerkt, wie wichtig es ist, einander zuzuhören, im Gespräch zu bleiben und sich andere Sichtweisen anzuhören. Ich vertrete viele deiner Ansichten nicht, aber es war interessant und nachvollziehbar zu hören, wo das herkommt, und das hat auf jeden Fall an der einen oder anderen Stelle für Verständnis meinerseits gesorgt. Während des Schreibens haben mich oft Freund*innen gefragt, wieso ich das mache und ob die Diskussionen nicht zu viel Energie kosten. Ich glaube, dass wir uns heute oft aus Bequemlichkeit vor Diskussionen scheuen und damit zulassen, dass eine Kluft zwischen Menschen entsteht. Wir beide sind auch tief in unseren Bubbles verankert, gerade da hilft es, besser einmal zu viel nachzufragen als zu wenig. Also, danke, Daniel.

LITERATUR

Bleisch, Barbara, *Warum wir unseren Eltern nichts schulden*, btb, München 2019

Coburger, Sebastian, *Generationenkonflikte in der Arbeitswelt. Analyse und Handlungsempehlungen*, GRIN, München 2022

Erley, Linus, *Alter! Du verstehst mich nicht ... Wie Generationen aneinander vorbeireden*, Indepently published, 2023

Hurrelmann, Klaus/Albrecht, Erik, *Generation Greta. Was sie denkt, wie sie fühlt und warum das Klima erst der Anfang ist*, Beltz, Weinheim 2020

Jaspers, Lisa/Ryland, Naomi/Horch, Silvie (Hrsg.), *Unlearn Patriarchy*, Ullstein, Berlin 2022

Kolbkopp, Kathie, *Gen Y, Z und Alpha. Zwischen Tradition und Innovation*, Independently pubslished, 2023

Maas, Rüdiger, *Generation lebensunfähig. Wie unsere Kinder um ihre Zukunft gebracht werden*, Yes Publishing, München 2021

Maas, Rüdiger, *Generation Z für Personalmanagement und Führung*, Hanser, München 2022

Neubauer, Luisa/Ulrich, Bernd, *Noch haben wir die Wahl. Ein Gespräch über Freiheit, Ökologie und den Konflikt der Generationen*, Tropen, Berlin 2021

Pantel, Johannes, *Der kalte Krieg der Generationen. Wie wir die Solidarität zwischen Jung und Alt erhalten*, Herder, Freiburg 2022

Passmann, Sophie, *Alte weiße Männer. Ein Schlichtungsversuch*, Kiepenheuer & Witsch, Köln 2019

Patrick, Alexander, *The Story of the Boomer Generation 1946–2024*, Patrick Books, London 2023

Perry, Philippa, *Das Buch, von dem du dir wünschst, deine Eltern hätten es gelesen (und deine Kinder werden froh sein, wenn du es gelesen hast)*, Ullstein, Berlin 2021

Schulz, Stefan, *Die Altenrepublik. Wie der demographische Wandel unsere Zukunft gefährdet*, Hoffmann und Campe, Hamburg 2022

Stokowski, Margarete, *Die letzten Tage des Patriachats*, Rowohlt, Hamburg 2019

Tlusty, Ann-Kristin, *Süss. Eine feministische Kritik*, Carl Hanser, München 2021

Vapaux, Valentina, *Generation Z. Zwischen Selbstverwirklichung, Insta-Einsamkeit und der Hoffnung auf eine bessere Welt*, Gräfe und Unzer, München 2021

Weber, Amelie Marie, *Generation Hoffnung. Wie junge Menschen zwischen Klimawandel, Krieg und Selfie-Sucht die Zukunft gestalten*, Klartext, Essen 2023

Weymar, Christian, *Vergesst Fleisch! Wie wir klug die Welt ernähren*, brand eins, Hamburg 2023